생각 정리를 위한

손자병법

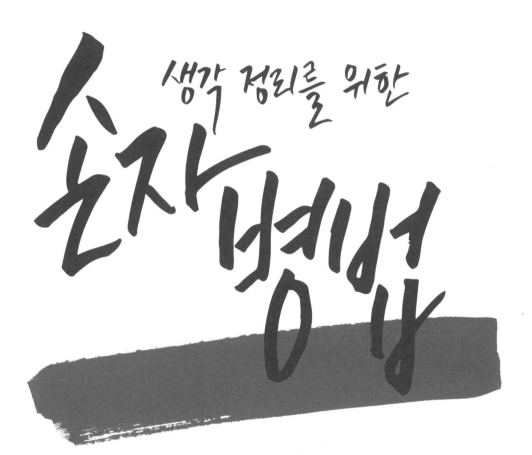

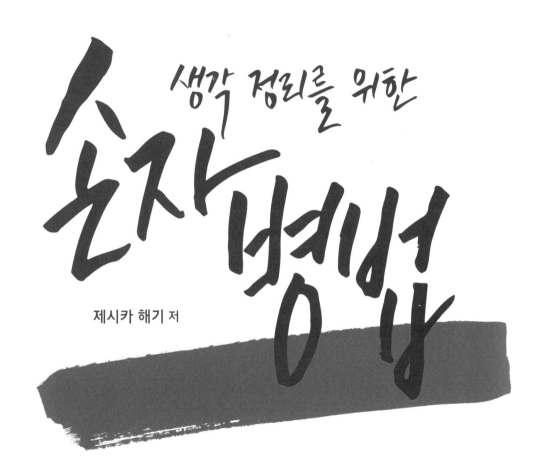

생각 정리를 위한

손자병법

제시카 해기 저

생각정리 연구소

캘빈에게 바침

가장 고귀한 대의만을 위해 사려 깊게 싸우길 바라며

CONTENTS

INTRODUCTION
서문

VISUALIZE
YOUR
METAPHOR

은유를 시각화하라

손자병법 (The Art of War)은 2천 5백여 년전 중국의 장수 '손자(Sun Tzu)'가 저술한 고전이다.

이 책은, 수세기에 걸쳐 군사 전략에 관한 필독서로 자리 잡았음은 물론 사업, 정치, 경영, 마케팅, 스포츠 등의 분야에서 우세를 점하기 위한 지침서로도 널리 읽혔다. 이 책에 사용된 언어는 간결하고 리듬감이 있으며, 그 어조는 다소 모호하다. 이 책은 굉장히 오래되고 신비스러워 그야말로 '전설'적이다.

그림으로 말하는 일이 내 직업이어서인지 내 눈에는 〈손자병법〉의 짧은 구절들이 아직 나타나지 않은 그림들의 캡션, 즉 설명구처럼 보였다. 세계적으로 인정받는 이 고전을 도표와 그래프로 재구성해 보라고 강요라도 받는 듯했다. 그래서 나는 2천 5백 년이라는 세월의 먼지를 털어내고 싸움에 대한 관점을 바꿔줄, 보다 시각적이고 현대적인 판본을 완성해 보기로 했다. 처음에는 삽화 작업이 너무 어려웠다. 하지만 2장 중반부로 접어들면서 손자의 생각이, 전해오는 일부 이야기처럼 폭력적이고 잔인하지 않다는 사실을 깨달았다. 나는 손자라는 인물이 마음에 들었다. 그의 논리는 '매우' 합리적이다. 이 책에 담긴 각 구절은 일종의 교훈적 경구다. 따라서 나는 독자 여러분이 책 곳곳을 자유로이 오가다가 와 닿는 구절과 만나면 잠시 머물며 숙고하는 식으로 이 책을 읽어주었으면 한다. 결국, 이 책에서 가장 중요한 부분은 자신의 경험을 가장 생생히 떠올리게 할 바로 그 부분이기 때문이다.

손자의 통찰이 크고 작은 모든 갈등에 적용되므로 〈손자병법〉이 그토록 엄청난 인기를 누리게 된 것은 자명하다. 이 책에 담긴 조언들은 전승 장군에게나 학생 회장에 출마하는 10살짜리 아이에게도 그대로 적용된다. 이 책은 전쟁보다 문제 해결에 관한 책이다. 전쟁은 삶의 문제들에 대한 은유에 불과하다. 우리 모두 무언가를 위해 싸운다. 다행스럽게도, 우리에게는 손자의 전술이 있다.

PROTAGONIST VS. SELF
자신과의 싸움

PROTAGONIST VS. OTHERS
타인과의 싸움

PROTAGONIST VS. NATURE
자연과의 싸움

Sun Tzu tackles them all, and so do all of us.

손자가 다루는
싸움의 영역

CHAPTER 1
LAYING PLANS

계획 짜기

VISUALIZE
YOUR
STRATEGY

전략을 시각화하라

손자가 말했다.

국가에게 전쟁의 기술*은 매우 중요하다.

국가의 존속과 소멸, 안정과 패망이 달려 있기 때문이다.

그러므로 절대 무시하지 말고 탐구 주제로 삼아야 한다.

SURVIVAL
생존

*

STRATEGY
전략

전쟁의 기술은 다섯 가지 요인에 의해 좌우된다.
전장의 정황을 살필 때는 이 요인들을 검토해야 한다.

그 다섯 요인은 다음과 같다.
1. 도의
2. 하늘
3. 땅
4. 장수
5. 규율과 훈련

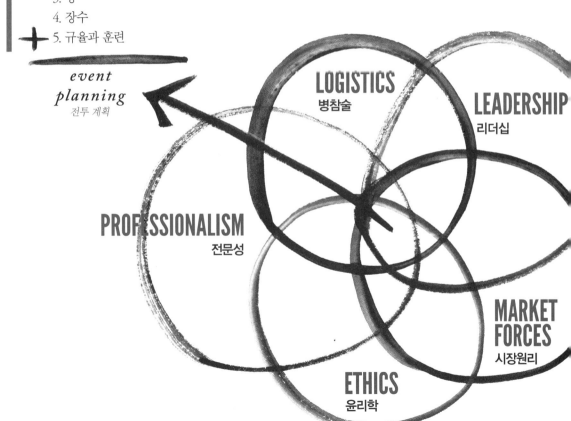

도의는 백성과 군주를 한마음으로 묶어준다.
도의가 있으면 백성은 목숨을 걸고 군주를 따른다.
그들은 그 어떤 위험에도 움츠리지 않는다.

하늘이란 밤과 낮, 추위와 더위, 계절의 변화 등을 말한다.
땅이란 멀고 가까움, 험함과 평탄함, 넓고 좁음, 사지와 생지 등을 말한다.

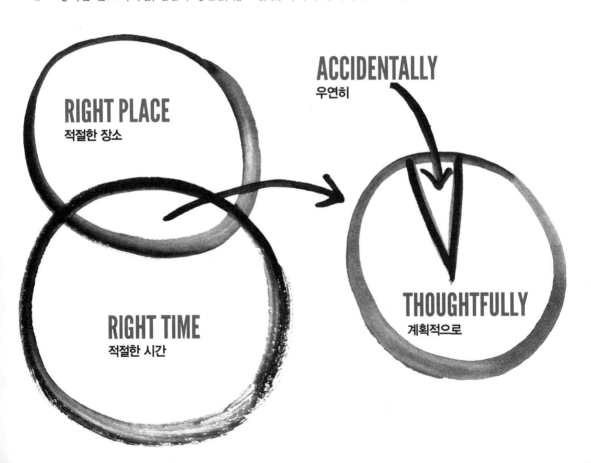

장수란 지혜, 성실성, 어짊, 용기, 엄격함 등의 자질을 갖춘 자를 말한다.

규율과 훈련이란 군을 적절히 조직하고, 계급을 올바로 매기고,
물자 보급로를 보존하고, 군비를 관리하는 등의 행위를 말한다.

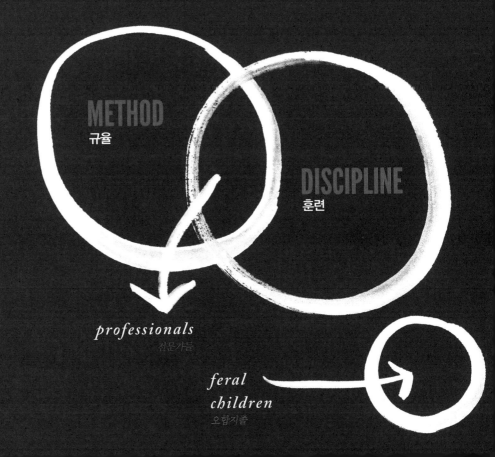

장수라면 이 다섯 요인을 마땅히 익혀두어야 한다.

이를 아는 자는 승리를 거두겠지만, 이를 모르는 자는 패배할 것이다.

그러므로 정황을 살피고 비교할 때는 이 요인들에 근거해
다음과 같은 질문을 해야 한다.

before you
make a move
행동을 개시하기 전
이것부터

COMPARE
비교

CALCULATE
계산

CONTRAST
대조

두 군주 중 누구에게 도의가 있는가?

두 장수 중 누가 더 뛰어난가?
하늘과 땅의 정세는 누구에게 더 유리한가?

규율은 어느 편이 더 철저한가?
힘은 어느 편이 더 강한가? 병사는 어느 편이 더 잘 훈련되어 있나?
상벌 체계는 어느 편이 더 확고한가?

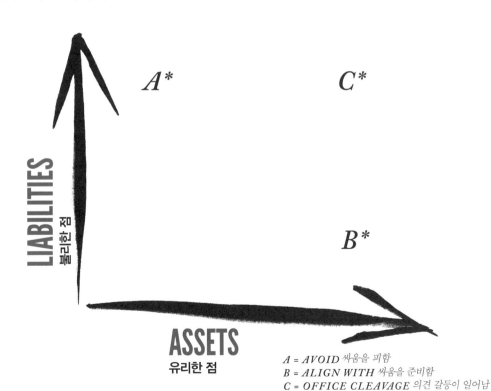

A = AVOID 싸움을 피함
B = ALIGN WITH 싸움을 준비함
C = OFFICE CLEAVAGE 의견 갈등이 일어남

나는 이 일곱 가지 사항을 고려하여 승패를 예측할 수 있다.

내 말을 경청하고 실행하는 장수는 반드시 승리할 것이다.
그런 장수가 계속 군사를 이끌게 해야 한다.

내 말을 경청하지도 실행하지도 않는 장수는 반드시 패배할 것이다.
그런 장수는 해임해야 한다.

LISTEN CLOSELY
경청함

keep your job 자리를 지켜

ACT ON WHAT
YOU HEAR
실행함

이 조언이 가져다줄 수 있는 이익에 대해 숙고하면서
도움이 될 만한 다른 환경 요인들도 함께 고려하기 바란다.

유리한 환경이 존재한다면 그 환경에 맞게 계획을 조정할 줄도 알아야 한다.

change in plans 계획 조정

FICKLE
변덕스러움

FLEXIBLE 융통성 있음

FOOLISH
어리석음

change in situation
상황 변화

모든 전쟁의 기반은 기만이다.

그러므로 공격할 능력이 있을 때는 무능한 것처럼 보여야 하고,
힘을 활용할 수 있을 때는 무력한 것처럼 보여야 하며, 적에게 가까이 있을 때는
멀리 있는 것처럼 보여야 하고, 멀리 있을 때는 가까이 있는 것처럼 보여야 한다.

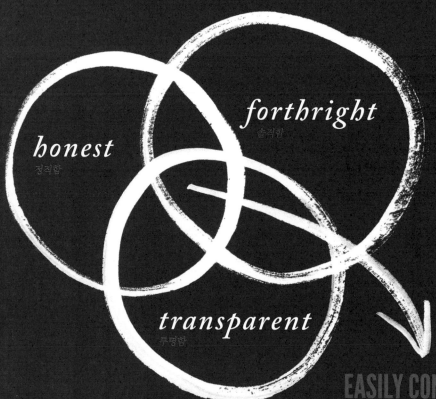

honest
정직함

forthright
솔직함

transparent
투명함

**EASILY CONQUERED
& VERY HARD TO FIND**
손쉬운 정복 & 찾기 힘듦

미끼로 적을 유인하라.

혼돈을 가장한 뒤, 방심한 적을 처부수라.

빈틈이 안 보이면 침략에 대비하고,
적의 힘이 더 강하면 싸움을 피하라.

다혈질의 적을 상대할 때는 그를
자극하여 화나게 만들어라. 약한 모습을
가장하여 적을 오만에 빠뜨려라.

적이 한가하면 쉬지 못하게 자극하고,
잘 단결되어 있으면 분열을 조장하라.

적의 허술한 측면을 공격하고,
뜻하지 않은 곳에 나타나라.

이 책략들은 승리를 가져다주는 지침이니
누설하면 결코 안 된다.

VULNERABILITY
취약성

WEAKNESS
약함

opportunity 기회

전투에서 승리하는 장수는 막사 안에 들어가 계산을 많이 한다.

전투에서 패배하는 장수는 사전 계산을 거의 하지 않는다.

이처럼 많은 계산은 승리를 가져다주고, 적은 계산은 패배를 가져다준다.
그러니 계산을 아예 하지 않는다면 어떻게 되겠는가!

victory
승리

SUCCESS
성공

PREPARATIONS
사전 준비

내가 승패를 예측할 수 있는 것은
바로 이런 점들을 주의 깊게 살펴보기 때문이다.

LAUGHABLE
우스움

*Crystal ball
on the table*
탁자 위의 수정 구슬

**PREDICTING
THE FUTURE**
미래 예측

*Experience in
the field*
전장에서의 경험

BELIEVABLE
믿을 만함

CHAPTER 2
WAGING WAR
전쟁 수행하기

VISUALIZE
YOUR
APPROACH

접근법을 시각화하라

손자가 말했다.

전쟁을 수행하려면, 경전차 천 대와 중전차 천 대, 무장 병사 십만과 천 리 길을 가기에 충분한 식량, 이 모두가 준비되어 있어야 한다. 또한, 외교관 접대비를 포함한 여러 경비, 아교와 도료 같은 기타 물품비, 전차와 갑옷의 유지비 등을 다 합하면 하루에 천 금씩 들어간다.

이 모두를 갖추어야 십만 군사를 일으킬 수 있다.

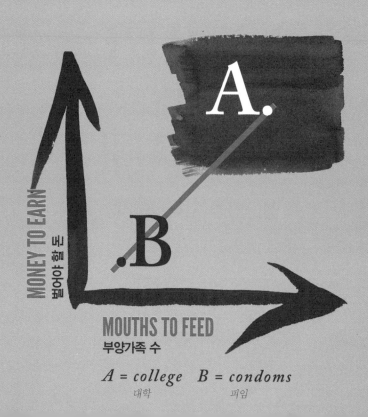

MONEY TO EARN
벌어야 할 돈

MOUTHS TO FEED
부양가족 수

A = college   *B = condoms*
대학   피임

실제 전쟁 시 승리하기까지의 기간이 너무 길어지면,
무기는 무뎌지고 병사들은 지쳐간다.

성을 공격하려면 전력이 소진되어 버린다.

게다가 군사 행동을 너무 오래도록 하면, 국가의 재정마저 부족해진다.

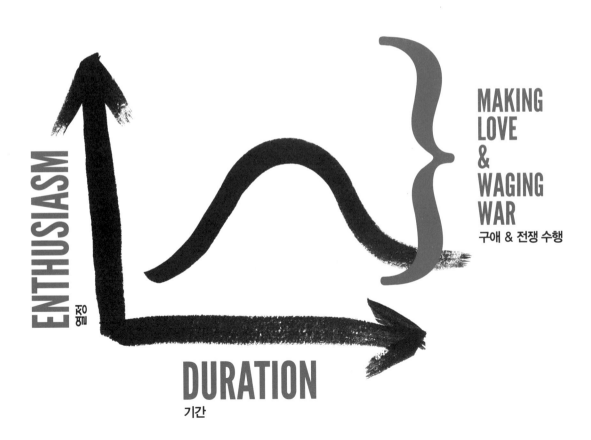

ENTHUSIASM 열정

DURATION 기간

MAKING LOVE & WAGING WAR

구애 & 전쟁 수행

무기가 무뎌지고, 병사들이 지치고,
전력이 소진되고, 국고가 바닥나면,
다른 제후들이 이 틈을 타 공격해 올 것이다.

그러면 아무리 지혜로운 자라도 그 뒷감당을 해낼 수 없다.

그러므로 졸전이라는 말을 듣더라도 오래 끄는 것은
총명함과 거리가 멀다.

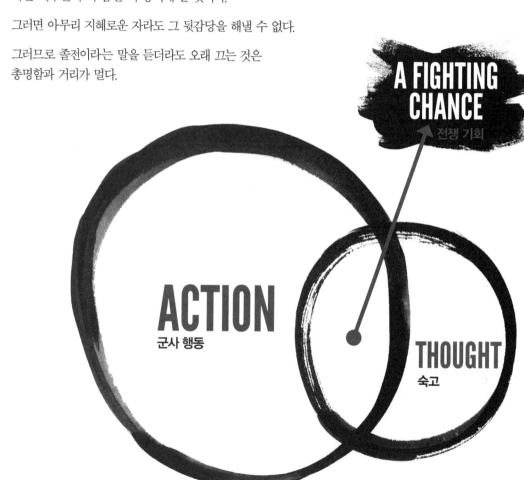

전쟁을 오래 끌어 나라가 이익을 본 경우는 지금까지 단 한 번도 없었다.

해악을 철저히 파악한 사람만이 전쟁을 어떻게 치러야
국가에 득이 되는지 제대로 이해할 수 있다.

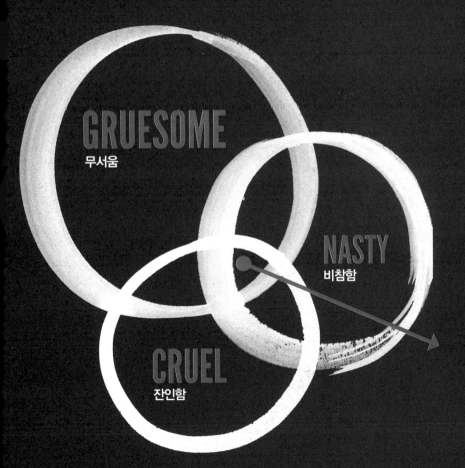

능숙한 장수는 장정을 두 번 다시 징집하지 않고 군량을 두 번 이상 실어 나르지 않는다.

전쟁 물자는 고국에서 가져오지만, 식량은 적의 것으로 충당한다.

그러면 군량이 넉넉해질 것이다.

* therapy
심리 치료 요망

* resourcefulness
지략이 뛰어남

PROBLEMS
문제

BAGGAGE
짐

전쟁으로 나라가 가난해지는 이유는 멀리 보낸 군대를 손수 부양하려 들기 때문이다.
멀리 보낸 군대를 나라에서 부양하면 백성의 삶이 어려워진다.

한편 군대가 가까이 있으면 물가가 오르는데,
물가가 올라가면 백성의 재물이 넉넉지 못하게 된다.

백성의 재물이 넉넉지 못하면 소작농이 무거운 부역에 시달리게 된다.

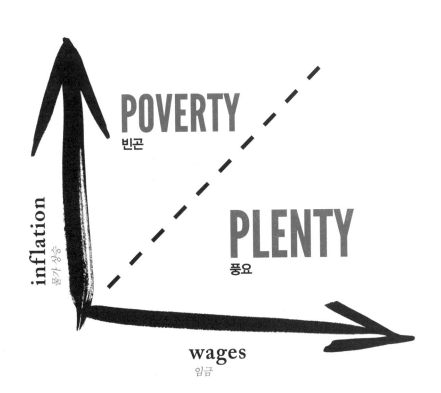

이렇게 재물이 고갈되고 힘이 소진되면 백성의 가정이 빈곤해져
가계 수입의 10분의 3이 줄어든다.
그런데 나라가 부서진 전차, 지친 말, 갑옷, 화살, 창, 방패, 노역용 소,
큰 수레 등에 들이는 비용은 전체 세입의 10분의 4에 달한다.

MONEY SENT
FROM HOME
가정에서 보낸 돈

how dynasties
crumble
왕조가 몰락하는 방법

POOR FUTURE
PROSPECTS
암담한 미래 전망

그러므로 현명한 장수는 적의 물품을 적극적으로 활용한다.

적진에서 취한 식량 1종은 나라에서 가져간 식량 20종에 해당되고,
적진에서 취한 여물 1섬은 나라에서 가져간 여물 20섬에 해당된다.

적을 죽이려면 병사들의 분노를 자극해야 하고,
적의 이익, 전리품을 탈취하려면 병사들에게 그만한 보상을 해주어야 한다.

그러므로 전차 전투에서 적군의 전차 10대 이상을 확보한 병사들에게는 마땅히 큰 상을 내려야 한다.

전차에 꽂힌 깃발을 우리 깃발로 바꿔 달고, 아군 전차와 한데 섞어 전투에 적절히 활용해야 한다.

포로들은 친절히 돌봐 회유해야 한다.

이것을 일러 '무찌른 적으로 아군의 힘을 증대시킴'이라 한다.

ASSIMILATION
합병

UNITE = CONQUER
연합 = 정복

그러므로 전쟁의 가장 중요한 목표는 단기간에 승리하는 것이다.

군대를 이끄는 장수야말로 백성의 운명과 국가의 안위를 좌우하는
장본인이라 할 수 있다.

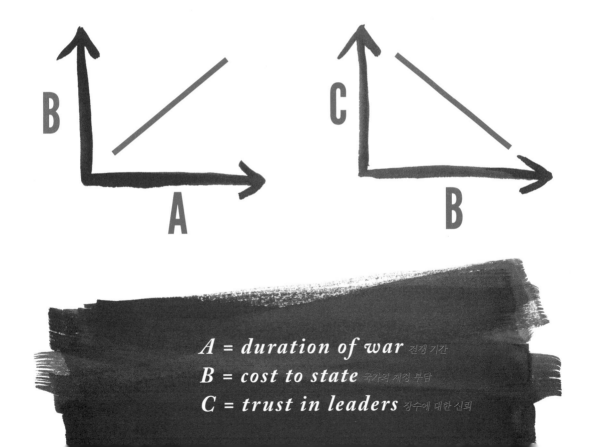

A = *duration of war* 전쟁 기간
B = *cost to state* 국가의 재정 부담
C = *trust in leaders* 장수에 대한 신뢰

CHAPTER 3

ATTACK BY STRATAGEM

책략으로 공격하기

VISUALIZE YOUR ANGLE

계책을 시각화하라

손자가 말했다.

전쟁을 수행함에 있어 최선은 적국을 온전한 상태로 굴복시키는 것이다.
부수고 파괴하는 것은 차선이다.

마찬가지로, 적군 전체를 격파하는 것은 차선이고 잡아들이는 편이 최선이다.
한 연대나 분대, 중대를 괴멸하는 것보다 잡아들이는 편이 좋다.

그러므로 전투에서 싸워 이기는 것만이 능사가 아니다.
실로 뛰어난 것은 싸우지 않고도 적을 굴복시키는 것이다.

SPOILS
전리품

DESTRUCTION
파괴

그러므로 최고의 전술은 적의 계획을 좌절시키는 것이고,
차선의 전술은 적군의 연합을 방해하는 것이다.
그 다음은 평지로 나온 적을 치는 것이며, 최악은 요새를 공격하는 것이다.

불가피하지 않다면 요새를 공격해서는 안 된다.

대형 방패와 이동 방벽, 공성 기계 등을 마련하는 데만 석 달이 걸리는데,
성벽 높이로 토산을 쌓으려면 또다시 석 달을 소모해야 한다.

제 분에 못이긴 장수가 병사들이 성벽을 기어 올라가게 시키면,
전체 병사의 3분의 1을 잃고도 성을 함락하지 못할 것이다.

이것은 포위 공격에 있어 최악이다.

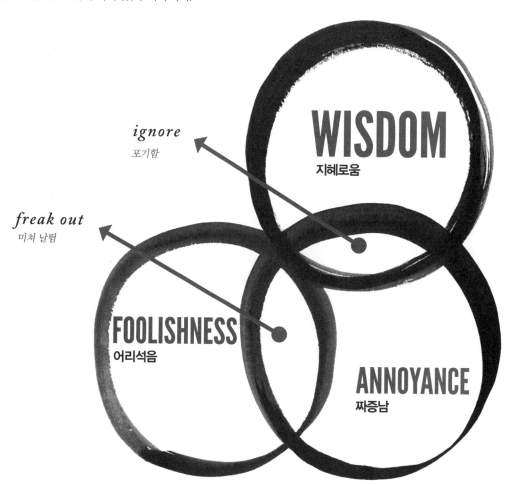

그러므로 숙련된 장수는 싸우지 않고도 적을 굴복시키고,
공성전 없이도 성을 함락하며, 오랜 군사 행동 없이도 적국을 무너뜨린다.

병력을 보존한 채 적국을 손에 넣으니,
그의 승리에는 어떤 희생도 따르지 않는다.

이것이 적을 책략으로 공격하는 방법이다.

seduction
유혹

success
성공

POSITIONING YOURSELF WELL
적절한 포지셔닝

아군의 병력이 열 배일 때는 적을 포위하고, 병력이 다섯 배일 때는 적을 공격하고,
병력이 두 배일 때는 분산시켜 공격하라. 그것이 전쟁의 법칙이다.

병력이 대등하면 전투를 치러도 좋다.
하지만 조금 모자라면 충돌을 피해야 좋고,
모든 면에서 적보다 열세라면 과감히 퇴각한다.

적은 병력으로 굳이 버티면 결국 적군의 포로가 될 것이다.

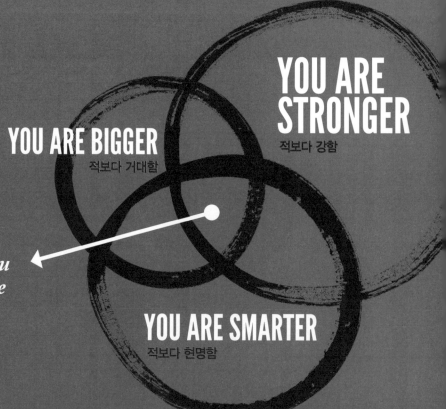

YOU ARE STRONGER
적보다 강함

YOU ARE BIGGER
적보다 거대함

the battle you should choose
이런 전투를 골라야 함

YOU ARE SMARTER
적보다 현명함

장수는 국가의 보호자다.
장수와 군주가 친밀하면 국가는 강해지지만,
양자 사이에 틈이 생기면 국가는 약해지고 만다.

군주는 세 가지 방식으로
자국 군사를 재앙에
빠뜨릴 수 있다.

1. 나아갈 수 없는 상황에서
진격을 명령하고, 되돌아갈 수 없는
상황에서 퇴각을 명령함.
이를 '군대의 다리를 묶음'이라 한다.

2. 군 상황을 알지도 못하면서
군사 행정에 간섭함. 이런 태도면
군대가 갈팡질팡할 뿐이다.

3. 임기응변 속성에 대해
알지도 못하면서 무분별하게
지휘에 간섭함.
이런 태도는 군사들의 신뢰만
뒤흔들어 놓는다.

IGNORANCE
무지

ACTION
행동

FAILURE
실패

군대 내에 의혹과 불신이 팽배하면
틀림없이 다른 제후들이 난리를 일으킨다.

이를 일러 '군을 어지럽혀 승리를 물리침'이라 한다.

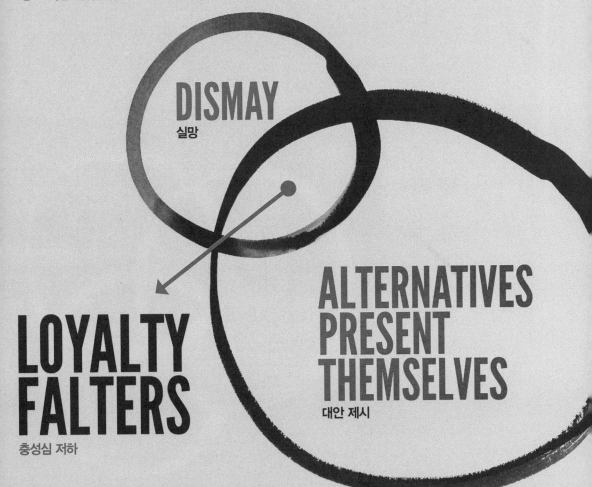

DISMAY
실망

ALTERNATIVES
PRESENT
THEMSELVES
대안 제시

LOYALTY
FALTERS
충성심 저하

그러므로 승리를 위한 다음 다섯 요인을 잘 기억해야 한다.

1. 싸워야 할 때와 싸우지 말아야 할 때를 아는 자는 승리한다.

2. 강한 적과 약한 적에게 각각 어떻게 대응해야 할지 아는 자는 승리한다.

3. 군대의 모든 구성원이 같은 정신에 입각해 움직이게 하는 자는 승리한다.

4. 만반의 준비를 갖춘 채 적이 허술해지기를 기다리는 자는 승리한다.

5. 군주의 간섭에서 벗어나 통솔력을 발휘하는 자는 승리한다.

HOW GOOD WORK GETS DONE
훌륭한 성과를 얻는 방법

GUIDES TO FOLLOW
따라야 할 지침들

BOSSES WHO GET OUT OF THE WAY
간섭하지 않는 윗사람들

PEOPLE TO LEAD
이끌어야 할 사람들

그래서 '적을 알고 나를 알면 백 번 싸워도 위태롭지 않다'고 하는 것이다.

나를 알지만 적을 모르면 한 번은 승리하고 한 번은 패배할 것이다.

적도 모르고 나도 모르면 모든 전투에서 패배할 것이다.

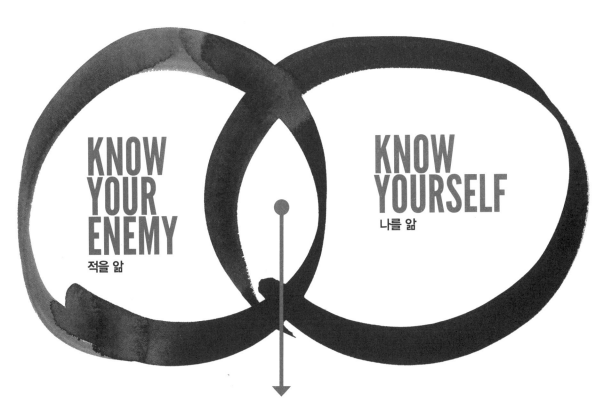

KNOW YOUR ENEMY
적을 앎

KNOW YOURSELF
나를 앎

The Art of War (in a nutshell)
병법의 핵심

CHAPTER 4
TACTICAL DISPOSITIONS
전술적으로 배치하기

VISUALIZE YOUR ADVANTAGES

이점을 시각화하라

손자가 말했다.

옛날 훌륭한 장수들은
패배가 불가능할 정도로 준비부터 한 뒤,
적을 칠 기회를 기다렸다.

패배가 불가능하게 준비하는 것은
우리 손에 달렸지만, 적을 칠 기회는
적에 의해서만 제공된다.

FAILURE
공격 실패

viable
options
실행 가능한 선택

OPPORTUNITIES
기회들

AWARENESS
지각

패배가 불가능하게 준비할 수 있어도, 적을 칠 기회가 오게 할 수는 없다.

그래서 사람들은 '승리하는 법은 알 수 있으나, 승리하게 만들 수는 없다'고 말한다.

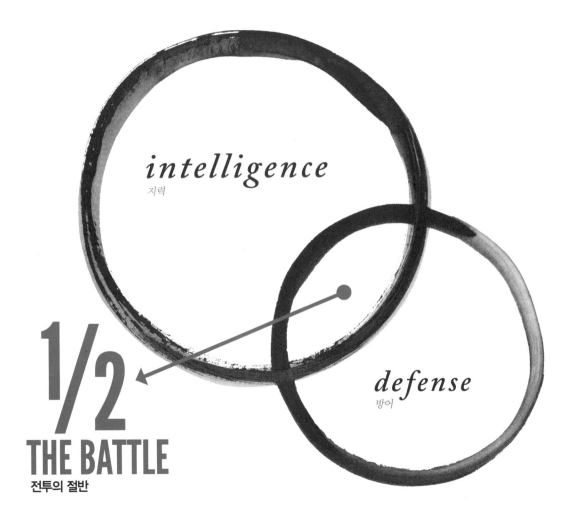

패배가 불가능하게 하는 것은 방어 전략에 해당되고,
승리할 수 있게 하는 것은 공격 전략에 해당된다.

방어에 머무는 이유는 힘이 부족하기 때문이고,
공격에 뛰어드는 이유는 힘이 넘쳐나기 때문이다.

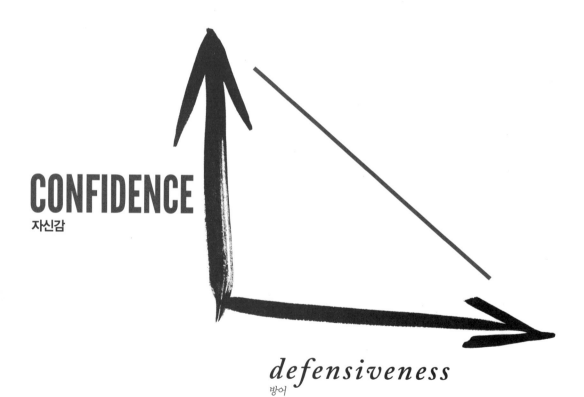

CONFIDENCE
자신감

defensiveness
방어

방어에 능한 장수는
땅속 깊이 숨고,
공격에 능한 장수는
하늘 꼭대기에서 내려친다.

그러므로 자신을 보호하면서
승리를 굳힐 수 있다.

HIDE
숨기

SEEK
찾기

small children
어린아이
&
masters of surprise
기습의 대가

예측되는 승리가 보통 사람들의
이해 범위에 있다면 그 승리는
승리가 아니다.

격전 끝에 온 백성에게
칭송을 듣더라도 그 승리는 진정한
승리가 아니다.

COMMONPLACE
평범함

SIMPLE
단순함

**A WIN ONLY
ON PAPER**
명목상 승리

easy As
쉬움

가을철 솜털을 들어올렸다고 힘이 세다고 하지 않고,
해와 달을 보았다고 눈이 밝다고 하지 않으며,
천둥소리를 들었다고 귀가 예민하다고 하지 않는다.

전쟁에 능하다던 장수는 쉽게 이길 수 있는 방식으로 승리를 거두었다.

그러므로 이 장수의 승리에는 지략의 명성도, 용맹의 공도 따르지 않는다.

LOOKS
EFFORTLESS
무성의해 보임

REQUIRES
TRUE SKILL
숙련이 필요함

modern art
현대 예술

그는 실수를 피하는 것만으로
전투를 승리로 이끈다.

그가 실수만 피함으로써
승리를 굳힐 수 있는 것은
필패하는 적과 싸운 덕분이다.

이처럼 전투에 능한 장수는,
이미 패배할 수 없는 위치에
서 있고, 적을 패배시킬 기회를
결코 놓치지 않는다.

> 그러므로 전쟁에서 승리하는
> 전략가는 승리를 먼저 확인한 뒤
> 전투를 치르지만, 패하는 전략가는
> 전투를 치른 뒤 승리를 찾는다.
>
> 탁월한 장수는 도의를 닦으며
> 군의 규율을 엄격히 지킨다.
> 그러므로 능히 승리를
> 좌우한다.

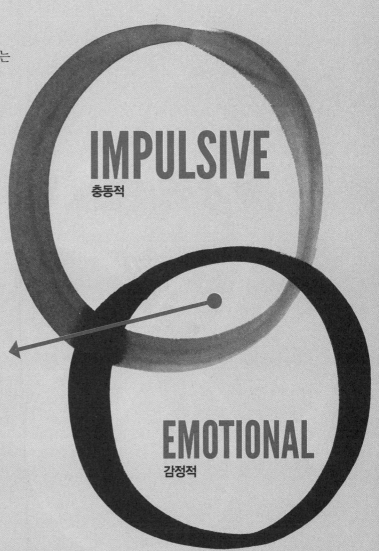

IMPULSIVE
충동적

the opposite
of leadership
리더십의 반대

EMOTIONAL
감정적

병법을 구성하는 다섯 가지 요인으로 첫째는 토지 면적, 둘째는 물량,
셋째는 군사 수, 넷째는 병력 비교, 다섯째는 승리가 있다.

지역 차이는 토지 면적을 결정짓고, 토지 면적은 물량을 결정지으며,
물량은 군사 수를 결정짓고, 군사 수는 병력 비교를 결정짓는다.
그리고 마지막으로 병력 비교는 승리를 결정짓는다.

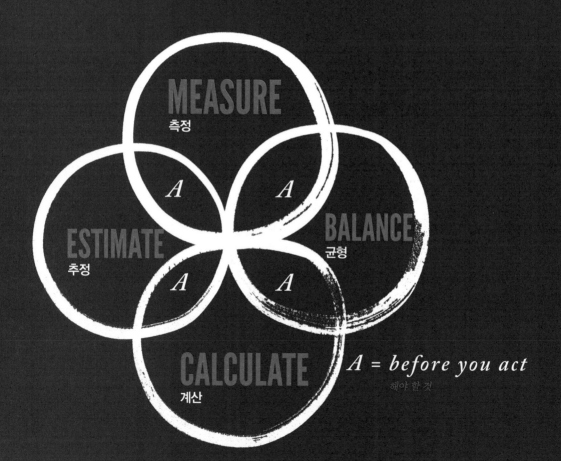

MEASURE
측정

ESTIMATE
추정

BALANCE
균형

A

A

A

A

CALCULATE
계산

A = before you act
해야 할 것

오합지졸을 상대로 이기는 군대는 쌀 한 톨 놓인 저울에 얹는 쌀부대와 같다.

이기는 군대는 천 길 골짜기에 막아둔 물을 한번에 터뜨려 쏟아지게 하듯, 적진으로 진격한다.

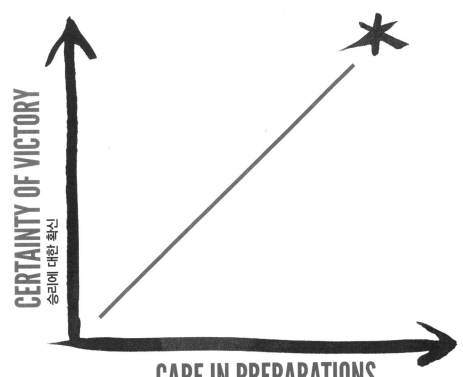

CERTAINTY OF VICTORY
승리에 대한 확신

CARE IN PREPARATIONS
세심한 준비

= *measure often, attack once*
비교는 자주, 공격은 단번에

CHAPTER 5

ENERGY

힘을 운용하기

VISUALIZE
YOUR
RESOURCES

자원을 시각화하라

손자가 말했다.

대군을 통솔하는 것은
부대를 통솔하는 것과
마찬가지다.
작은 집단으로 나누어
다스리면 그만이다.

대군으로 전투하는 것은
부대로 전투하는 것과
마찬가지다.
신호 수단을 총동원해
명령하면 그만이다.

COMMUNICATE
의사소통

ALLOCATE
배정

DELEGATE
위임

how to lead
large groups

대규모 집단을 통솔하는 법

전 군사가 적군에 맞서 패배하지 않게 하는 것,
그것이 바로 '기습과 정공의 병용'이다.

병력으로 적을 칠 때 바위로 달걀을 치듯 하는 것,
그것이 바로 '약한 곳을 집중 타격함'이다.

모든 전쟁에서 정공으로 적에 맞서고
기습으로 승리를 이끌어낸다.

기습에 동원되는 전술은 하늘땅처럼 무궁하고
강의 흐름처럼 끝이 없다.

끝났다가도 시작됨이 해와 달 같고,
지나갔다 돌아옴이 계절의 변화 같다.

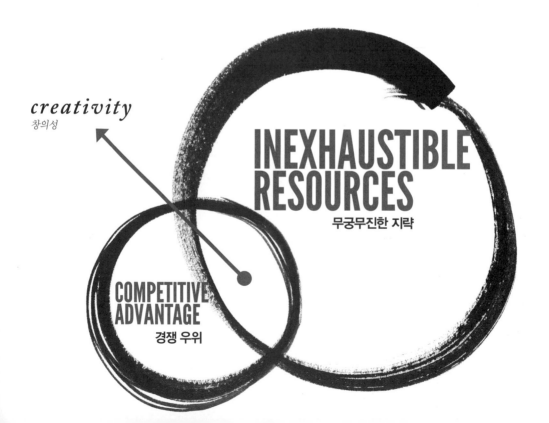

creativity
창의성

INEXHAUSTIBLE
RESOURCES
무궁무진한 지략

COMPETITIVE
ADVANTAGE
경쟁 우위

소리는 다섯 음뿐이지만, 이 다섯 음을 조합하면
무수히 다양한 선율을 만들 수 있다.

색은 다섯 가지 기본색(파란색·노란색·빨간색·흰색·검은색)뿐이지만,
이를 조합하면 무수히 다양한 색조를 나타낼 수 있다.

음식은 다섯 가지 기본 맛(신맛·매운맛·짠맛·단맛·쓴맛)뿐이지만,
이를 조합하면 무수히 다양한 풍미를 낼 수 있다.

COMBINATIONS
조합

FUNDAMENTALS
기본 요소

every play
in every book
모든 책의 온갖 표수

전쟁 시 공격 방법은 기습과 정공, 두 가지뿐이지만
이 두 방법을 조합하면 무수히 다양한 전술을 쓸 수 있다.

정공과 기습은 서로 얽히며 끝없이 이어진다.
이는 원형으로 순환하는 것과 같다.

과연 누가 그 끝을 헤아릴 수 있겠는가?

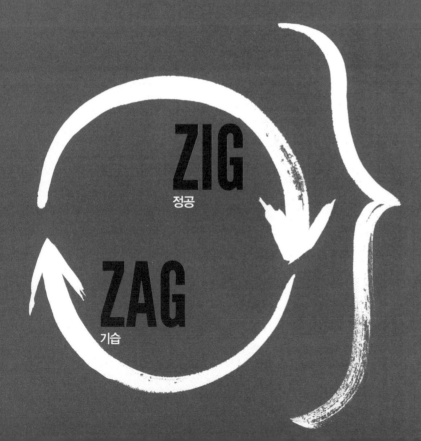

ZIG
정공

ZAG
기습

advance
진군

물이 격렬히 흘러 돌까지 쓸어가는 것을 기세라고 한다.

매가 먹이를 재빠르게 덮치는 것을 절도라고 한다.

그러므로 훌륭한 군사는 기세가 맹렬하고 절도가 분명하다.

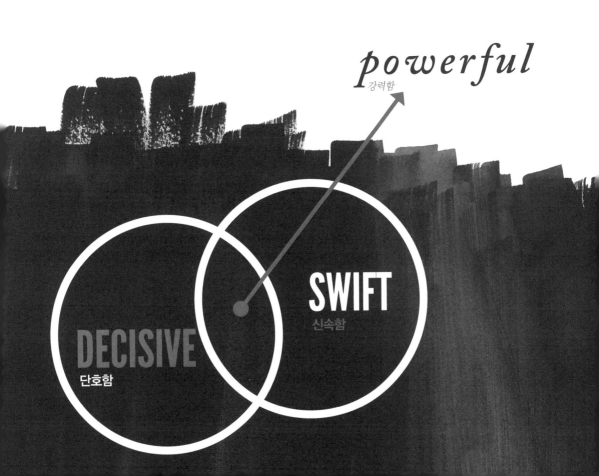

기세는 쇠뇌를 당기는 것과 같고, 절도는 쇠뇌를 쏘는 것과 같다.

전투 중 군대 내에 혼란이 일더라도,
그것이 진정한 혼란이어서는 결코 안 된다.
혼잡하고 무질서하더라도 원형진을 짜서 싸우면,
절대로 패배하지 않을 것이다.

연출된 혼돈은 엄격한 질서에서 생기고,
연출된 두려움은 용맹한 전의에서 생기며,
연출된 나약함은 강력한 힘에서 생긴다.

FREAK OUT
YOUR FOE
적의 넋을 빼놓음

OUTLAST
보다 강한 병력

OUTTHINK
보다 깊은 생각

보다 나은 계획
OUTPLAN

혼란하게 보이면서 질서를 숨기려면 군을 나누고,
비겁해 보이면서 용기를 감추려면 힘을 비축하며,
나약한 모습으로 강함을 가리려면 군을 교묘히 배치한다.

그러므로 적을 잘 움직이는 장수는 형세를 꾸며 적을 유인한다.
그가 미끼를 건네는 족족 적은 이를 취하려 든다.

그는 이익을 드러내 적을 움직이고,
뛰어난 병사들과 잠복해 적이 오기를 기다린다.

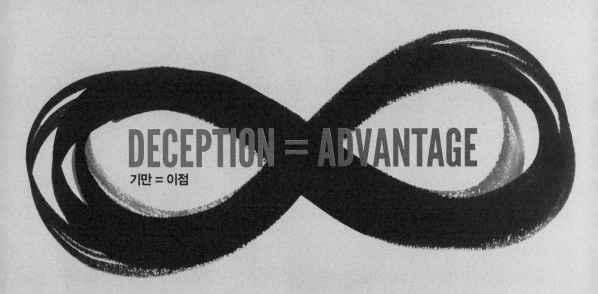

DECEPTION = ADVANTAGE
기만 = 이점

그러므로 전투에 능한 장수는
개개 병사를 몰아붙이기보다
군대의 힘으로 승리를
얻어낸다.

그는 병사를 적절히 선별해
군대의 힘을 드높인다.

TEAMWORK
팀워크

MORALE
사기

CARROTS
당근

STICKS
채찍

HAZING
학대

이러한 장수가 집단의 힘을 운용할 때,
병사들은 바위나 통나무 같다.

바위나 통나무는 평지에서 가만히 있고 경사지에서 움직인다.
모난 형태면 멈추고 둥근 형태면 구른다.

그러므로 전투에 능한 장수가 이끌어낸 힘은
천 길 산꼭대기에서 굴러 떨어지는 둥근 바위만큼 강력하다.

이것이 힘을 운용하는 방법이다.

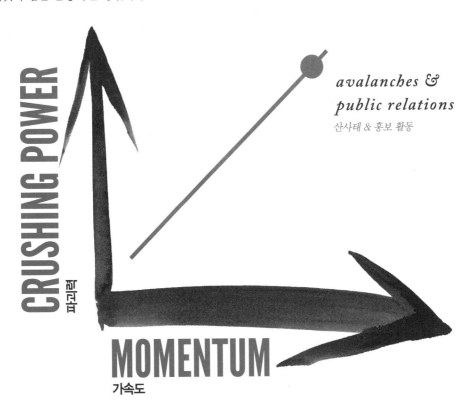

CRUSHING POWER 파괴력

MOMENTUM 가속도

avalanches &
public relations
산사태 & 홍보 활동

CHAPTER 6

WEAK POINTS AND STRONG

약점과 강점 활용하기

VISUALIZE YOUR OPPORTUNITIES

기회를 시각화하라

손자가 말했다.

전장에 미리 와서 적을 기다리는 자는 힘이 오래간다.
전장에 늦게 와서 싸움을 서두르는 자는 금세 지친다.

그러므로 현명한 장수는 적을 부리지 적에게 당하지 않는다.

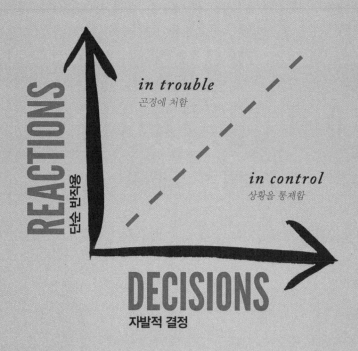

현명한 장수는
이득을 보이거나
피해를 입혀서 적이
스스로 다가오거나
다가오지 못하게
할 수 있다.

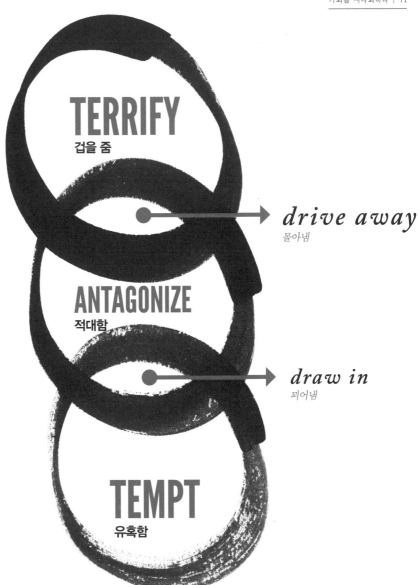

TERRIFY
겁을 줌

drive away
몰아냄

ANTAGONIZE
적대함

draw in
꾀어냄

TEMPT
유혹함

적이 쉬고 있으면 못 쉬게 괴롭힐 수 있어야 하고,
적의 음식이 풍부하면 굶주리게 할 수 있어야 하며,
적이 야영 중이면 움직이게 압박할 수 있어야 한다.

적의 추격을 따돌리면서 적이 생각지 못한 곳으로
빠르게 진격해야 한다.

IDENTIFY SOURCES OF JOY
**만족의 근원을
찾아냄**

DESTROY THEM
그 근원을 파괴함

how to kill a soul

넋을 빼놓는 법

적이 없는 지역으로 향하면, 먼 거리를 행군하고도 지치지 않을 수 있다.

방어가 허술한 지점을 노리면, 공격을 항상 성공시킬 수 있다.

요충지를 막으면, 방어를 항상 성공시킬 수 있다.

그러므로 공격에 뛰어난 장수는 적군이 어디를 방어해야 할지 모르게 하고,
방어에 뛰어난 장수는 적군이 어디를 공격해야 할지 모르게 한다.

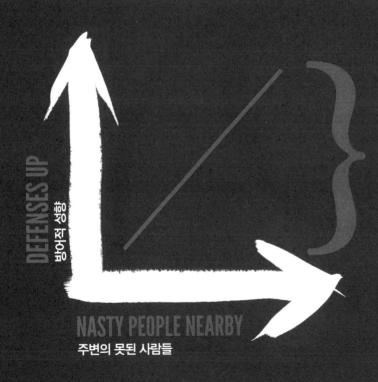

DEFENSES UP
방어적 성향

NASTY PEOPLE NEARBY
주변의 못된 사람들

*why people drink
after work*
퇴근 후 술을 마시는 이유

형체를 없애면 미묘해지고 소리를 없애면 신비로워진다.

장수는 이 미묘함과 신비함으로 적의 운명을 좌우할 수 있어야 한다.

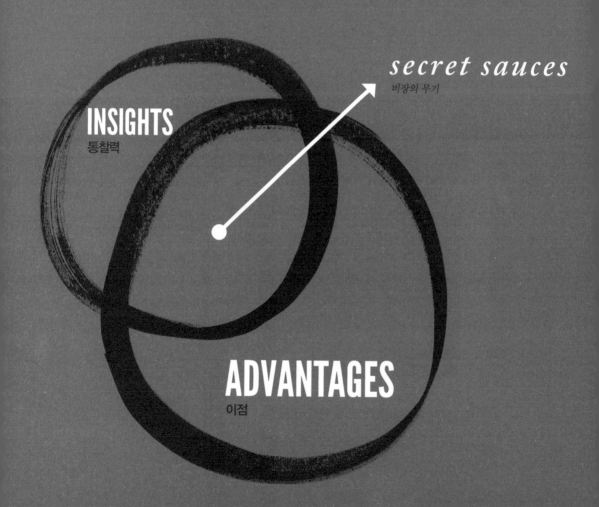

secret sauces
비장의 무기

INSIGHTS
통찰력

ADVANTAGES
이점

적의 약점을 공격하면 막힘없이 진격할 수 있다.
적보다 빨리 움직이면 후퇴 시 추격되지 않을 수 있다.

내가 싸우길 원하면 높은 성벽과
깊은 해자 뒤에 숨은 적도
그 싸움에 응할 수밖에 없다.

반드시 지켜야 할 곳을
내가 공격하기 때문이다.

내가 싸움을 원치 않으면
막사 주위에 선만 그은 우리라
하더라도, 적이 절대 공격할 수 없다.

이상하고 불가해한 신호를
내가 내기 때문이다.

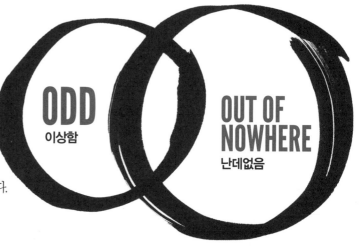

ODD
이상함

OUT OF
NOWHERE
난데없음

game changers, aka kids these days
판도를 뒤집는 이들, 이를테면 요즘 아이들

INTRIGUING
흥미로움

DIFFERENT
색다름

아군의 모습을 숨긴 채 적군의 모습을 드러내면,
아군은 집중되고 적군은 분산된다.

즉, 아군 힘은 한데 모이는 반면 적군의 힘은 여럿으로 나뉜다.

따라서 아군의 전 병력이 적군 한 부대와 겨루게 되는데,
이는 무리로 소수를 치는 것과 같다.

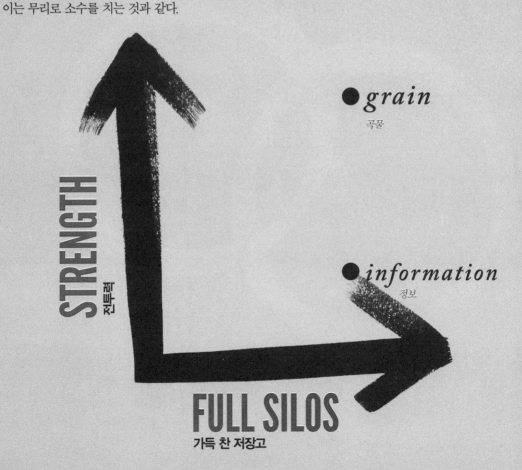

이렇게 다수의 병력으로 소수의 병력을 공격하면
적군은 곤경에 처할 것이다.

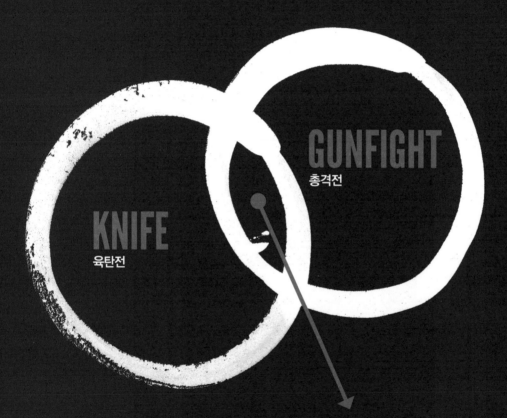

KNIFE
육탄전

GUNFIGHT
총격전

shoddy intelligence work
조잡한 지략

진격할 지점을 적이 눈치채지 못하게 하라.
그러면 적은 모든 방향의 공격 가능성에 대비하느라 병력을 분산시킬 수밖에 없다.
이렇게 적의 병력이 여러 방향으로 나뉘면, 아군이 대적해야 할 수도 그만큼 줄 것이다.

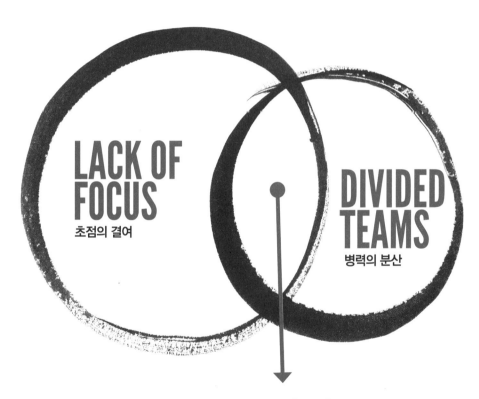

적이 전방을 막으면 후방이 약해지고, 후방을 막으면 전방이 약해진다.
적이 좌익을 방어하면 우익이 약해지고, 우익을 방어하면 좌익이 약해진다.

하지만 적이 사방을 동시에 방어하면 일순에 다 약해진다.

예측 불가능한 공격에 대비하는 자는 수적 열세에 처하지만,
예측 불가능한 공격을 대비하게 하는 자는 수적 우세를 점한다.

전투 장소와 시기를 알면, 천 리를 행군해 싸워도 병력이 흐트러지지 않는다.

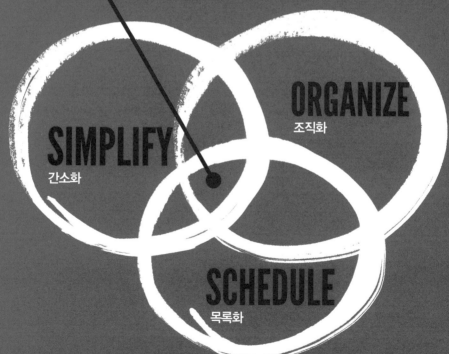

하지만 전투 장소와 시기를 모르면,
좌익은 우익을 도울 수 없고, 우익은 좌익을 도울 수 없으며,
전방은 후방을 구하지 못하고, 후방은 전방을 구하지 못한다.

아군이 지척에 있든 수십 리 떨어져 있든!

> 병사는 월나라가 우리보다 많은 듯하지만
> 수적 우세가 그들에게 아무런 도움이 되지 못할 것이다.
>
> 내가 보건대, 우리 승리가 가능하다.

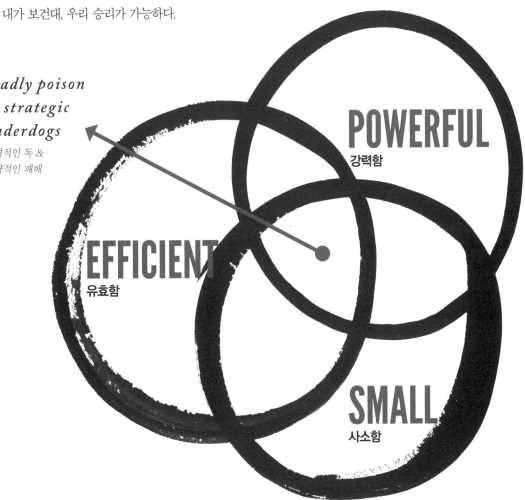

*deadly poison
& strategic
underdogs*
치명적인 독 &
전략적인 패배

POWERFUL
강력함

EFFICIENT
유효함

SMALL
사소함

적수가 많아도,
못 싸우게 할 수 있다.

적을 살펴 계책을
파악하고 승산을
예측하라.

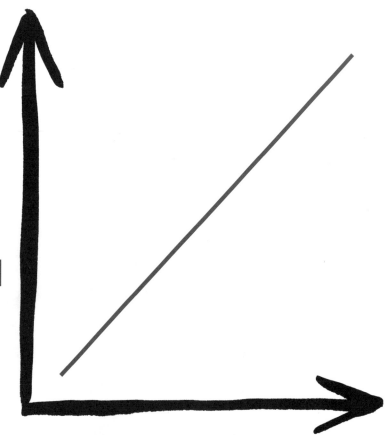

**HOW EASY
IT IS TO
HURT THEM**
**타격을 주는 것이
얼마나 쉬운가**

HOW WELL YOU KNOW SOMEONE
상대를 얼마나 잘 아는가

적을 자극해 이동 및
주둔 방식을 파악하라.

적의 내막이 드러나게
압박해 약점을 찾아내라.

적과 각축해 힘이 남는 곳과
부족한 곳을 파악하라.

CONTRAST
대조

COMPARE
비교

CRITIQUE
비평

prepare for
debates & battles
논쟁 & 전투에 대비

군의 형세를 짜는 최선책은 고정하지 않는 것이다.
형세가 없다시피 하니, 가장 교활한 첩자도 정보를 캐지 못하고,
가장 탁월한 책사도 모략을 세우지 못한다.

고정된 형세도 없이 어떻게 승리를 얻어내는지,
사람들은 도무지 이해하지 못한다.

철저한 탐구
INTENSE STUDY

전략 수립
STRATEGIZING

*the heavy
lifting done
behind the
scenes*
보이지 않는 곳에서
이루어지는 고된 노력

승리로 이끈 전술을 모두 알지만,
그 전술의 기원은 아무도 모른다.

승리를 가져온 전술을 반복하지 말고,
적의 형세에 따라 전술을 변경하라.

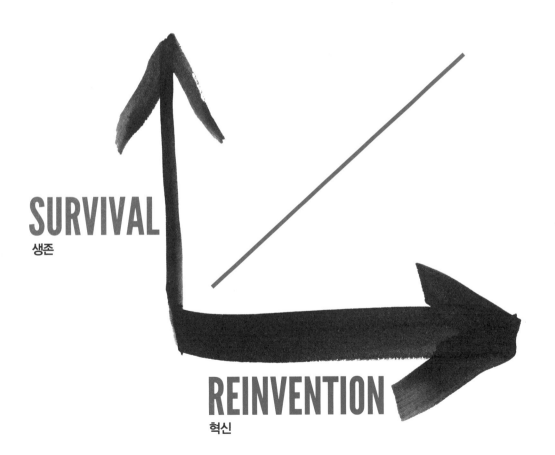

전술은 물과 같아야 한다.

물이 높은 곳을 피하여 낮은 곳으로 흘러들듯,
군대도 강한 곳을 피하여 약한 곳으로 진격해야 한다.

물이 지형에 따라 경로를 바꾸듯,
군대도 적의 형세에 따라 전술을 변경해야 한다.

물에 일정한 모습이 없듯,
군대의 형세 역시 고정되면 안 된다.

stay on top of the food chain

먹이사슬 최상위 유지

적의 형세에 따라 전술을 바꿔 승리하는 자를
'하늘이 내린 장수'라 일컫는다.

다섯 요소(물, 불, 나무, 금속, 흙)의 중요도가 늘 동등하지 않고,
사계절은 번갈아 차례를 내준다.

해는 길다가도 짧아지고, 달 역시 차고 기울기를 거듭한다.

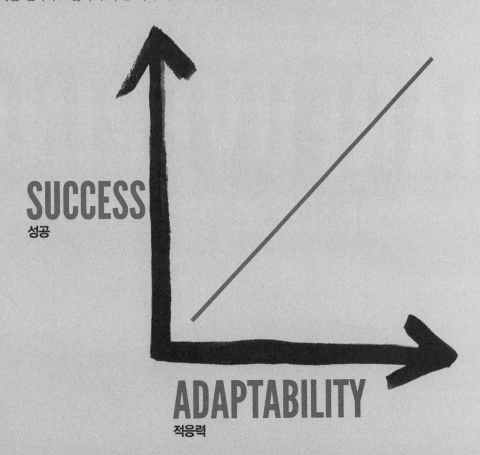

SUCCESS
성공

ADAPTABILITY
적응력

CHAPTER 7

MANEUVERING

전략적으로 행동하기

VISUALIZE YOUR NARRATIVE

내러티브를 시각화하라

손자가 말했다.

전쟁 시 장수는 군주의 명령을 받든다.

백성을 징집해 병력을 모으면, 여러 내부 세력을 조합해 군부대를 건설해야 한다.

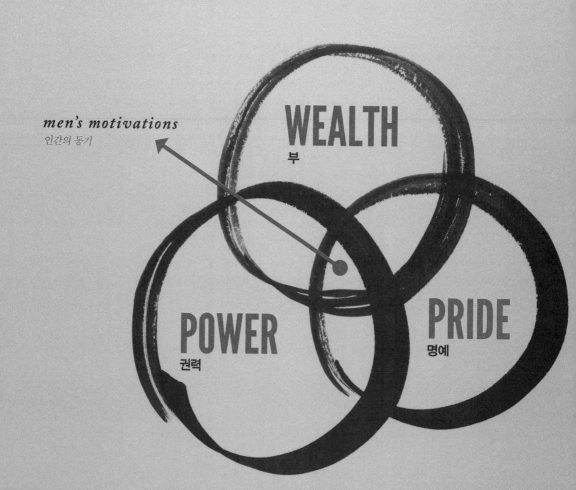

men's motivations
인간의 동기

이후 전략적 행동이 이어지는데, 이보다 힘든 일도 없다.

전략적 행동의 어려움은 기만적인 것을 직접적인 것으로
불리한 여건을 유리한 여건으로 바꾸는 데 있다.

따라서 먼 길로 우회하려면 이익으로 적을 유인하여 길에서 이탈하게 만들라.
그러면 적보다 늦게 출발하고도 목표 지점에 먼저 도달할 수 있을 것이다.
이를 '돌아가면서도 바로 가는 전략'이라 한다.

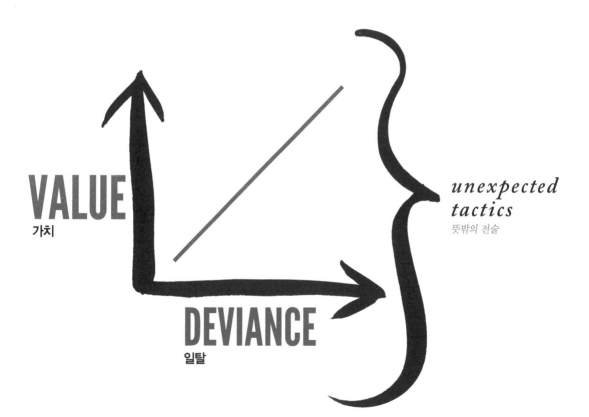

VALUE
가치

DEVIANCE
일탈

unexpected tactics
뜻밖의 전술

전략적 행동은 이득이 될 수도 있지만,
훈련이 부족한 경우 막대한 위험을 초래할 수도 있다.

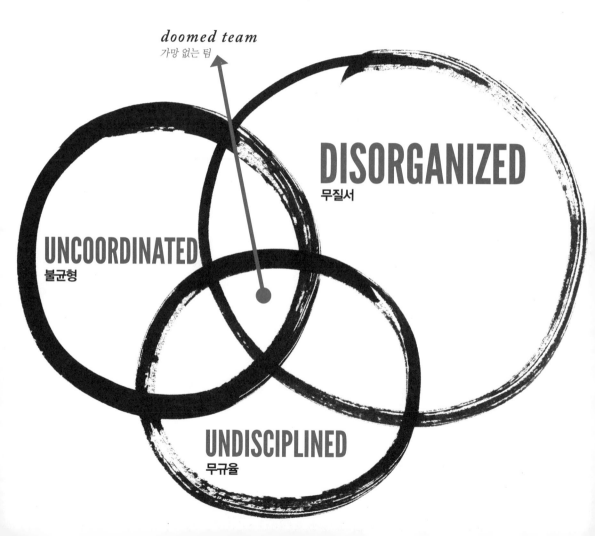

유리한 지점을 선취하기 위해 군대 전체를 움직이면,
이동이 느려 아예 도달하지 못할 수 있다.

반면, 공격 부대부터 유리한 지점을 선점하도록 보내면,
보급 부대가 뒤쳐져 물자 보급에 지장이 생길 수 있다.

하지만 그렇다고, 가죽 갑옷을 벗어들고 두 배의 속도로
백 리를 밤낮없이 행군하면 목적지에 먼저 도달하더라도
장수들이 모두 적의 포로가 될 것이다.

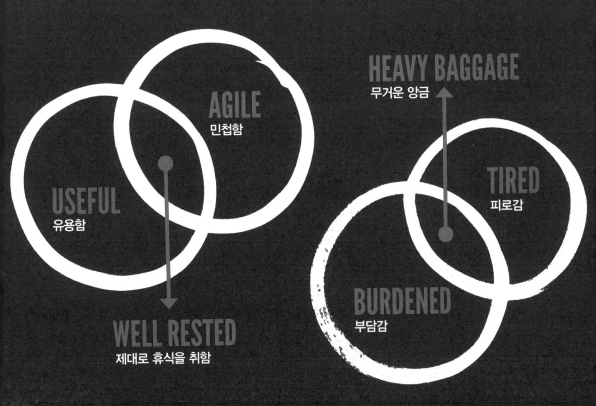

그렇게 하면, 강한 병사는 앞서고 약한 병사는 뒤쳐져
군대의 10분의 1만 목적지에 도달할 것이다.

유리한 지점을 선취하기 위해 오십 리를 이동하면, 제 1부대의 장수를 잃고
군대의 절반만 목적지에 도달할 것이다.

유리한 지점을 선취하기 위해 삼십 리를 이동하면,
군대의 3분의 2만 목적지에 도달할 것이다.

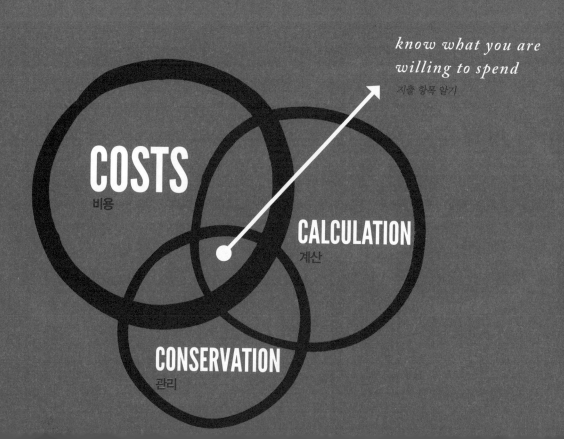

know what you are
willing to spend
지출 항목 알기

COSTS
비용

CALCULATION
계산

CONSERVATION
관리

┃ 그러므로 보급 수송로가 끊기거나 군량이 떨어지거나
군수 기반이 부실해지면 패망한다는 사실을 잘 알아두어야 한다.

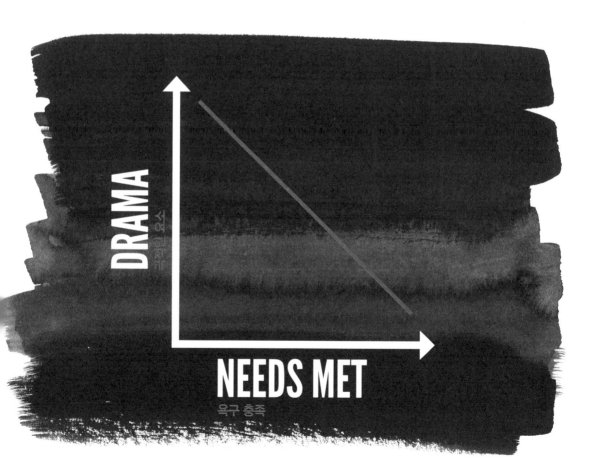

주변국의 사정에 정통하지 않으면 외교할 수 없다.

외지의 산과 숲, 구덩이와 절벽, 늪과 습지 따위의 지형에 익숙하지 않으면
군대를 통솔할 수 없다.

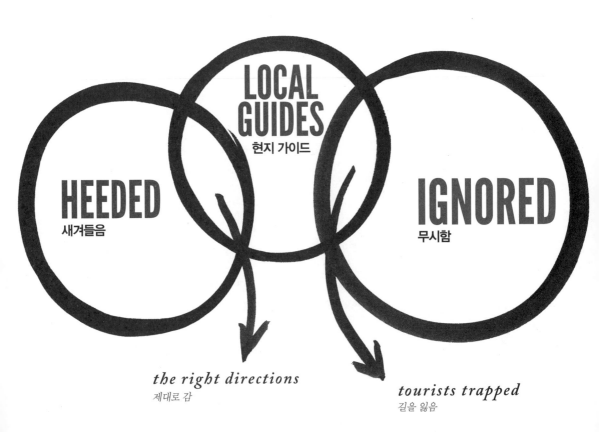

안내인을 쓰지 않으면
지리를 얻기 힘들다.

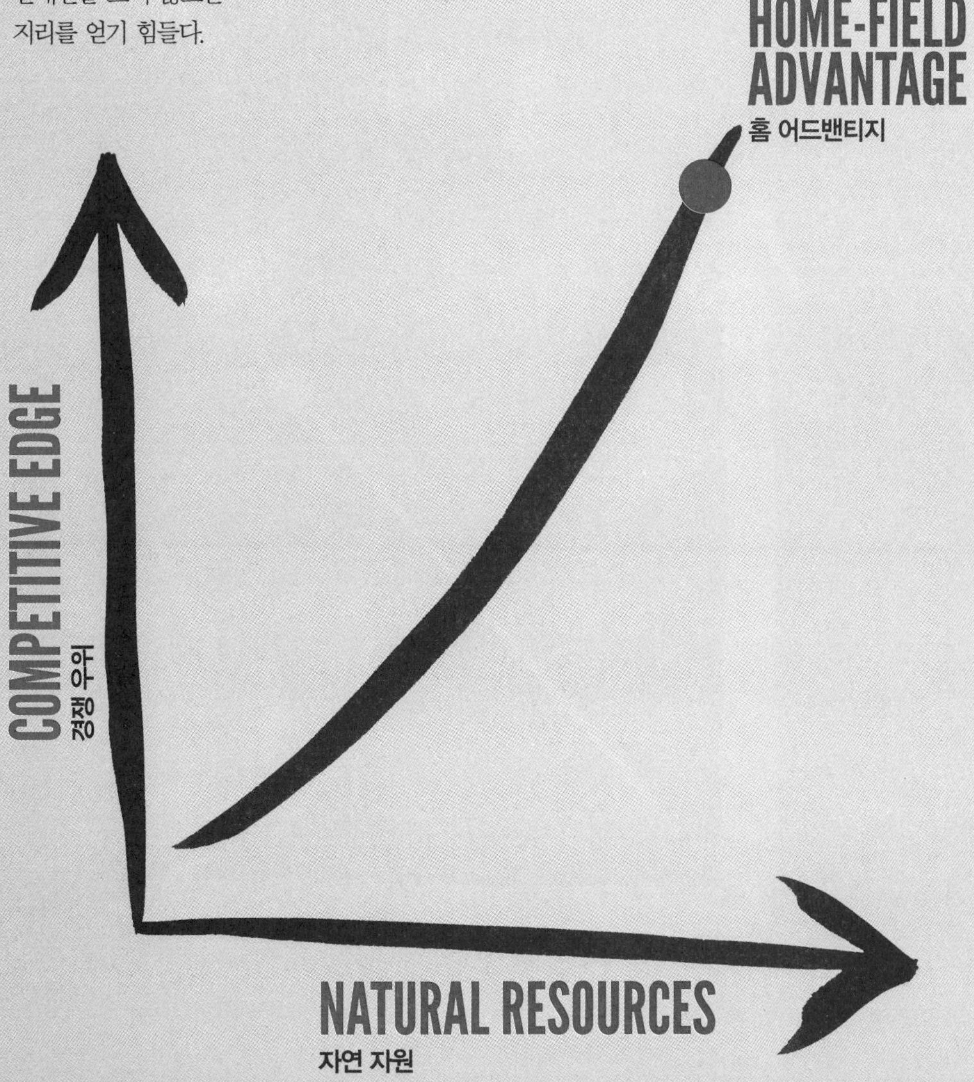

**HOME-FIELD
ADVANTAGE**
홈 어드밴티지

COMPETITIVE EDGE
경쟁 우위

NATURAL RESOURCES
자연 자원

전쟁에서 이기기를 원하면 기만 전술을 활용하라.

얻을 수 있는 이익이 분명할 때만 움직여라.

병력을 집중시킬지 분산시킬지 여부는 환경에 따라 결정하라.

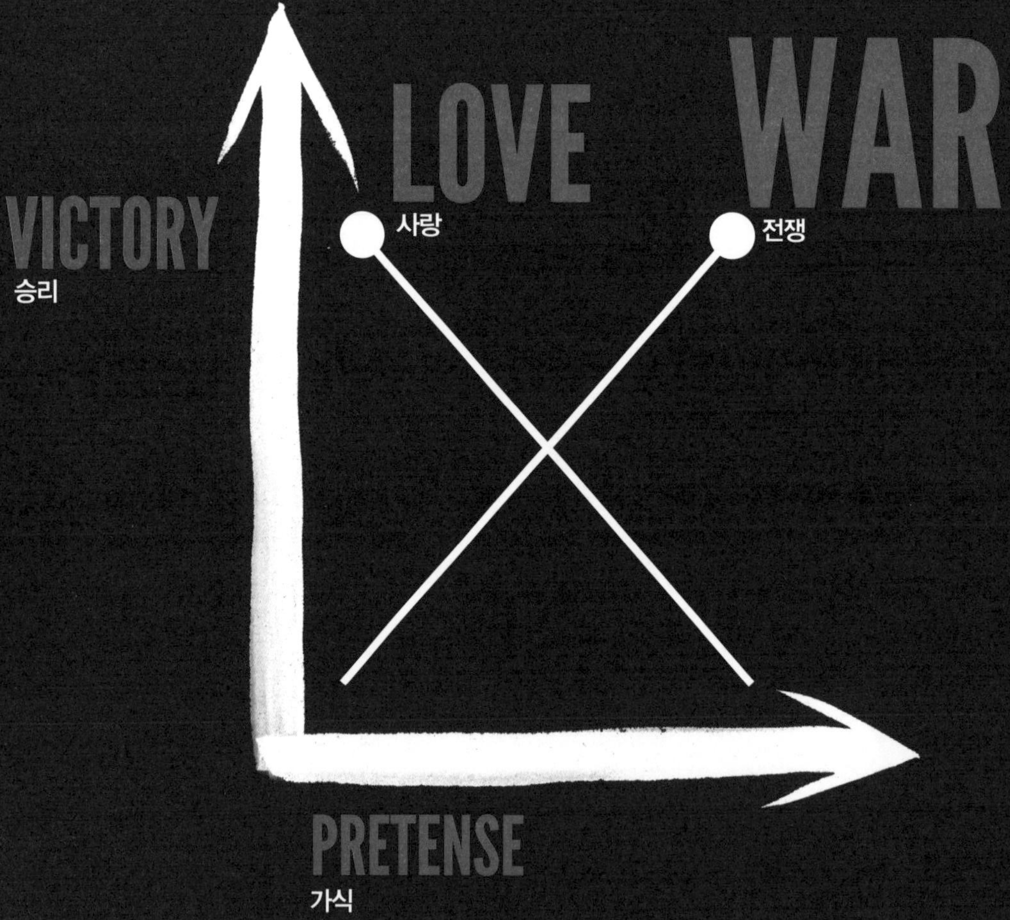

VICTORY
승리

LOVE
사랑

WAR
전쟁

PRETENSE
가식

바람처럼 빠르게 움직이고 숲처럼 빽빽하게 결집하라.

불처럼 거세게 공격하고 산처럼 굳건하게 주둔하라.

밤처럼 은밀하게 계획하고 천둥처럼 격렬하게 진군하라.

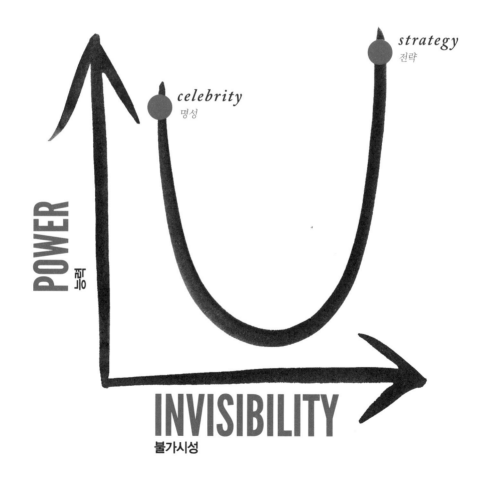

전리품은 군사에게 골고루 나누어 주어라.
새로운 땅을 얻었을 때에도 그 이득을 공정하게 분배해야 한다.

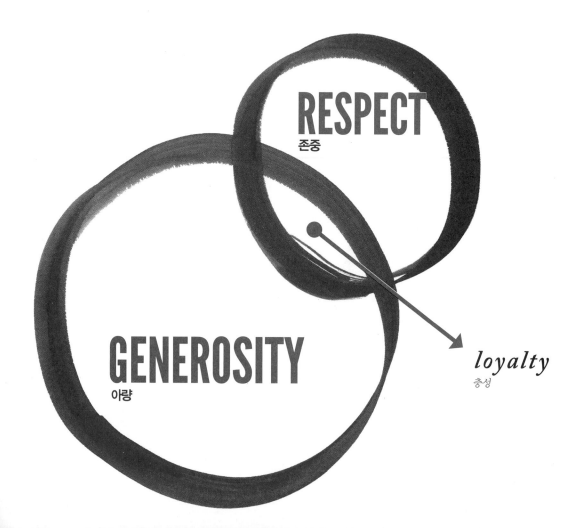

행동하기 전에 숙고부터 하기 바란다.

'돌아가면서도 바로 가는 전략'을 습득한 자는 승리할 것이다.

이것이 바로 전략적 행동의 기술이다.

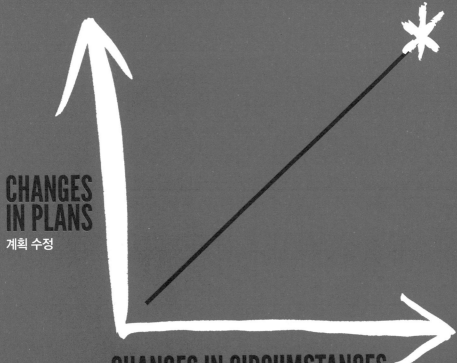

CHANGES
IN PLANS
계획 수정

CHANGES IN CIRCUMSTANCES
상황 변화

*brilliant maneuvers
탁월한 책략

〈군정(The Book of Army Management)〉이라는 병서에 이런 말이 있다.

전장에서는 목소리가 멀리 미치지 못하니 징이나 북을 사용해야 한다.

또한, 사물을 분명히 알아보기도 힘드니 휘장이나 깃발로 신호해야 한다.

징과 북, 휘장과 깃발 같은 도구는 사람들의 이목을 끌어 집중시킨다.

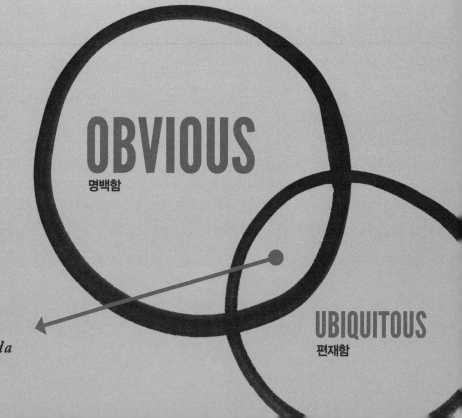

OBVIOUS
명백함

UBIQUITOUS
편재함

effective
propaganda
효과적인 선전 활동

이렇게 해서 사람들이 한 몸처럼 되면, 용감한 사람이라도 홀로 나설 수 없고 겁 많은 사람이라도 홀로 도망칠 수 없다.

이것이 무리를 통솔하는 기술이다.

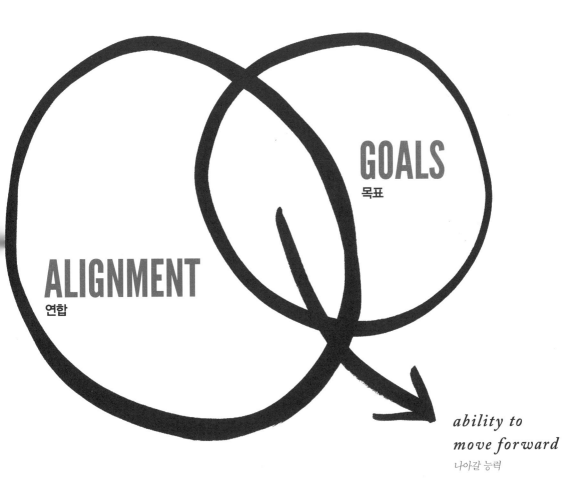

GOALS
목표

ALIGNMENT
연합

ability to
move forward
나아갈 능력

그러므로 야간 전투에서는 불과 북을,
주간 전투에서는 휘장과 깃발을 많이 사용해야 한다.
그것이 군대의 눈과 귀이기 때문이다.

대군이 그 기세를 빼앗을 수 있고, 적장이 그 마음을 빼앗을 수 있다.

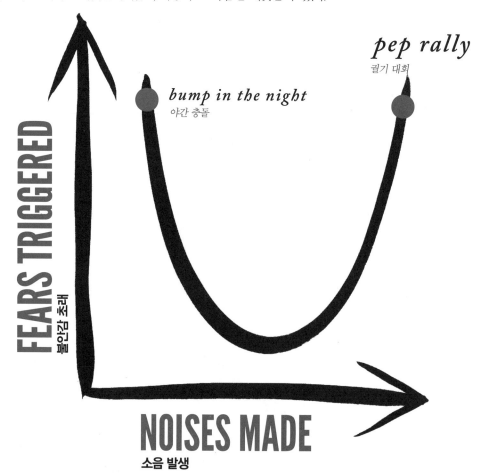

군인의 기운은 오전에 가장 날카롭고
오후가 되면 무뎌진다. 그러다 저녁이면
막사로 돌아가 쉴 생각만 하게 된다.

그러므로 현명한 장수는
적의 기운이 날카로울 때를 피하고,
무디거나 나태할 때를 골라
공격을 개시한다.

이것이 사기를 다스리는
방법이다.

EXHAUSTED
탈진

disengaged
해이

OVERWORKED
과로

평정된 상태에 머물면서 적진 내부에 혼돈과 동요가 일기를 기다리는 것,
그것이 바로 마음을 다스리는 방법이다.

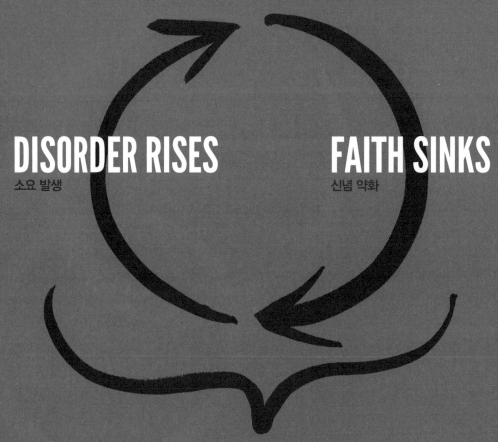

DISORDER RISES
소요 발생

FAITH SINKS
신념 약화

death by internal combustion
내란에 의한 붕괴

멀리서 오는 적을 목적지 인근에서 기다리고, 쇠잔해 가는 적을 편안한 상태에서 기다리며, 굶주린 적을 배부른 상태에서 기다리는 것, 그것이 바로 힘을 다스리는 방법이다.

깃발을 질서 있게 배치한 적을 공격하지 않고, 기세가 당당한 진영을 공격하지 않는 것, 그것이 바로 상황을 다스리는 방법이다.

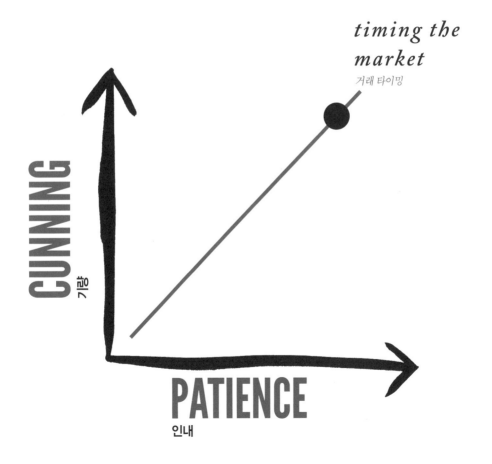

용병술의 기본은, 높이 자리 잡은 적에게 진격하지 않고
돌진해 내려오는 적에 맞서지 않는 것이다.

거짓으로 도망치는 적을 쫓지 말고, 단련된 군사에 대적하지 마라.

적의 미끼를 따라가지 마라.

본진으로 돌아가는 군대는 막지 마라.

morale boosters
사기 촉진

적을 포위할 때는 반드시 한쪽을 비워라.

궁지에 몰린 적을 지나치게 압박하지 마라.

이것이 바로 전투를 치르는 방법이다.

ROOM TO MOVE
움직일 공간

COMPOSURE
마음의 여유

*flying first class &
winning negotiations*
일등석 비행 & 성공적 협상

CHAPTER 8

VARIATION IN TACTICS

융통성 있게 대응하기

VISUALIZE YOUR ALTERNATIVES

대안을 시각화하라

손자가 말했다.

전쟁이 일어나면 장수는 군주의 명령을 받아
군을 징집하고 병력을 모은다.

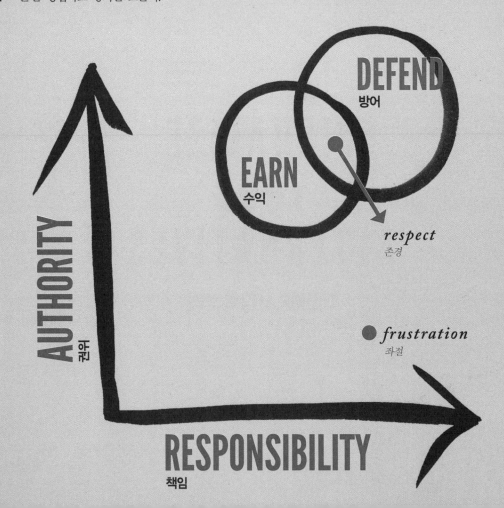

불리한 땅에는 막사를 세우지 마라.

대로가 교차하는 곳에서는
동맹과 협력하라.

위험하게 고립된 장소에서는 망설이지 마라.

포위당한 상황에서는 술수를 써라.

절망적일 때는 힘써 싸워라.

들어서지 말아야 할 길이 있고
공격하면 안 될 군대가 있으며
포위해야만 하는 성이 있고
경합해서는 안 될 진지가 있다.
그리고 군주의 명령에도
복종하지 말아야 할 것이 있다.

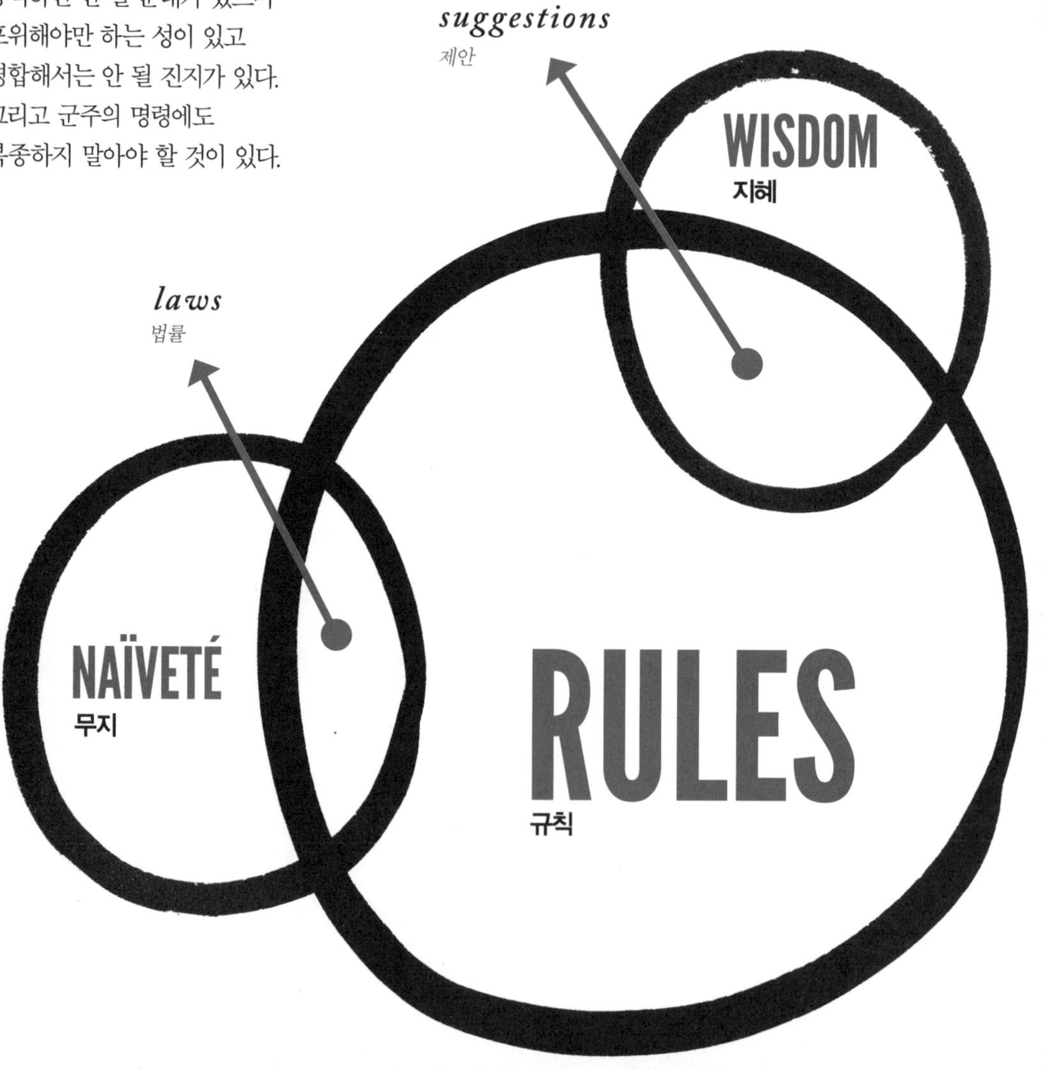

suggestions
제안

WISDOM
지혜

laws
법률

NAÏVETÉ
무지

RULES
규칙

상황별로 전략을 운용하는 이점을 간파한 장수는
용병술을 제대로 이해한 것이다.

그렇지 못한 장수는 외지의 지형을 잘 안다 해도
그 지식을 적절히 활용하지 못할 것이다.

only valuable
when acted upon
가치 창출의
유일한 행동 기준

STREET
SMARTS
풍부한 경험

BOOK
LEARNING
책을 통한 지식

그러므로 전략을 달리 하는
병법에 미숙한 장수는
'다섯 가지 이로움'을
잘 안다 해도
병력을 제대로 운용하지
못할 것이다.

이런 까닭에
현명한 장수의 전략에는
장단점에 대한 숙고가
한데 어우러질 것이다.

situational
상황별 대응

ACTUAL
실제적

SOLUTION
해법

CONFLICT
갈등

THEORETICAL
이론적

wonky
우유부단

이런 식으로 이익에 대한 예측을 단련하면
계획을 근본적으로 달성하는 데 성공할 수 있다.

다른 한편으로, 이익을 취할 준비가 역경에도 늘 되어 있다면
불운에서 스스로를 구해낼 수 있다.

BOOKS
WRITTEN
ABOUT YOU
자신에 대한 책

HUBRIS
자만심

손상을 가해 적장을 격하하고 괴롭히며 골몰하게 하라.
그런 뒤 그럴싸한 미끼를 던져 원하는 지점으로 유인하라.

VICIOUS
악랄함

RELENTLESS
끈질김

ANNOYING
성가심

mean girls &
telemarketers
비열한 여자 & 텔레마케터

전쟁의 기술은, 적이 나타나지 않을 가능성에 의지하기보다
적에 맞설 태세를 갖추는 데 초점을 맞추고,
적이 공격하지 않을 우연보다 아군 진지가
난공불락이라는 사실을 믿게 한다.

TRUE
진실

KNOWN
알려진 바

*always less
than you'd like*
항상 기대에 못 미침

장수에게 영향을 미칠 위험한 결점
다섯 가지는 다음과 같다.

1. 무모함. 이는 전멸로 이어진다.

2. 비겁함. 이는 나포로 이어진다.

3. 성마름. 이는 모욕에 의해
촉발되기도 한다.

4. 명예욕. 이는 치욕에 과민하다.

5. 병사들에 대한 과도한 배려.
이는 근심과 걱정을 겪게 한다.

이 다섯 가지는 장수에게
전투 수행에 치명적인 허물이다.

군대가 전복되고 장수가 전사하는 이유는 바로
이 다섯 가지 허물 탓이다.

그러니 이것들을 숙고해야 한다.

CHAPTER 9
THE ARMY ON THE MARCH

군대 운용하기

VISUALIZE
YOUR
SURROUNDINGS

주변 여건을 시각화하라

손자가 말했다.

이제 군대를 주둔시키고 적의 거동을
관찰하는 문제에 대해 다룰 차례다.

산은 신속히 넘고
계곡은 지척에 두라.

높은 곳에 막사를 세워 시야를
확보하라. 싸우기 위해 고지를
올라가서는 안 된다.

이것이 산지에서의 군사 운용법이다.

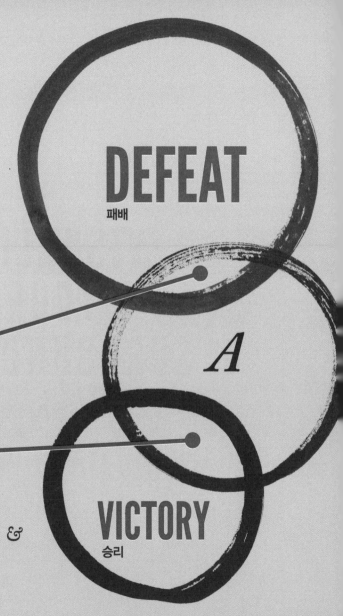

DEFEAT
패배

FIGHT
싸움

A

EMPLOY
고용

VICTORY
승리

*A = the laws of physics &
talented people*

물리 법칙 & 재주꾼

강을 건너면 그 강에서 멀리 떨어져야 한다.

침략 세력이 도강할 때는 강 한가운데로 진격하지 마라.

병력의 절반이 건넜을 때 공격하는 것이 최선이다.

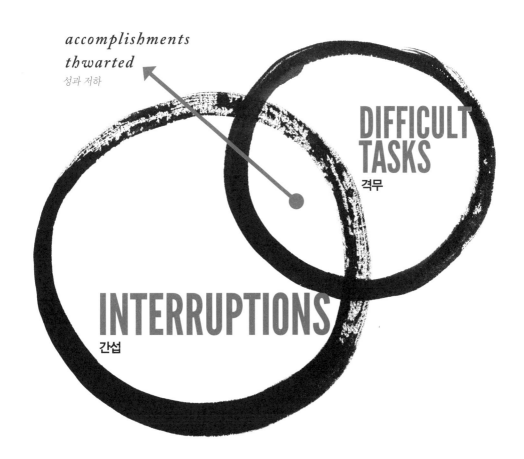

정 싸우고 싶다면 침략군이 건너야 하는 강 쪽으로 너무 붙지 말아야 한다.

배를 적보다 높이 정박해 시야를 확보하라.

강을 거스르며 대적해서는 안 된다.

이것이 강가에서의 군사 운용법이다.

LIFE LEFT IN YOU
생명력

salmon & people writing resignation letters
연어 & 사표쓰는 사람들

TIME SPENT SWIMMING UPSTREAM
흐름을 거스르는 데 들인 시간

해안의 늪지대를 건널 때는 지체없이 빠르게 행군해야 한다.

늪지대에서 적을 만나면, 물과 풀 근처에서 숲을 등진 채 싸워야 한다.

이것이 해안 늪지대에서의 군사 운용법이다.

NO CLEAR PATHS OUT

벗어날 길 없음

FEELING
STUCK

꼼짝없이 갇힘

*how to waste
your life*

삶을 낭비하는 법

WAITING FOR
THINGS TO FIRM UP

상황이 안정되기를 기다림

드넓은 땅에서는 위협에
맞서고 안전을 지킬 수
있게끔 우익과 후방에
둔덕을 둬 접근하기 수월한
진지를 구축하라.

이것이 평지에서의
군사 운용법이다.

SOLID
FOUNDATION
든든한 기반

SURVIVAL
생존

choose your parents wisely
부모를 잘 만남

이상이 네 가지 유용한 용병술로,
'황제(Yellow Emperor)'가 사방의 군주를 격파할 수 있었던 기술이다.

1. 모든 군대는 저지대보다 고지대를,
음지보다 양지를 더 선호한다.

병사들을 돌보면서 견고한 땅에
막사를 세우면, 온갖 질병으로부터
군대를 보호할 수 있다.
이것이 승리의 기반이다.

destroys 99% of
harmful pests

해로운 세력 99% 말살

TRUTH
진실

SUNLIGHT
햇빛

2. 언덕이나 제방에 이르면 우측 후방이 경사진 양지에 주둔하라.

그러면 병사들의 이익을 도모하면서 자연 지형의 이점도 활용할 수 있을 것이다.

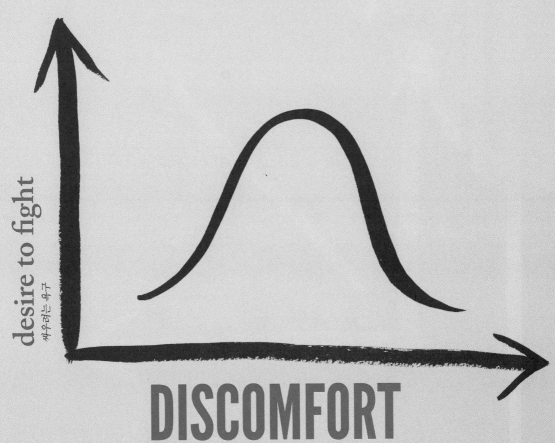

3. 건너려던 강이 상류의 폭우로 인해 불고 포말이 일면,
물이 빠질 때까지 기다려야 한다.

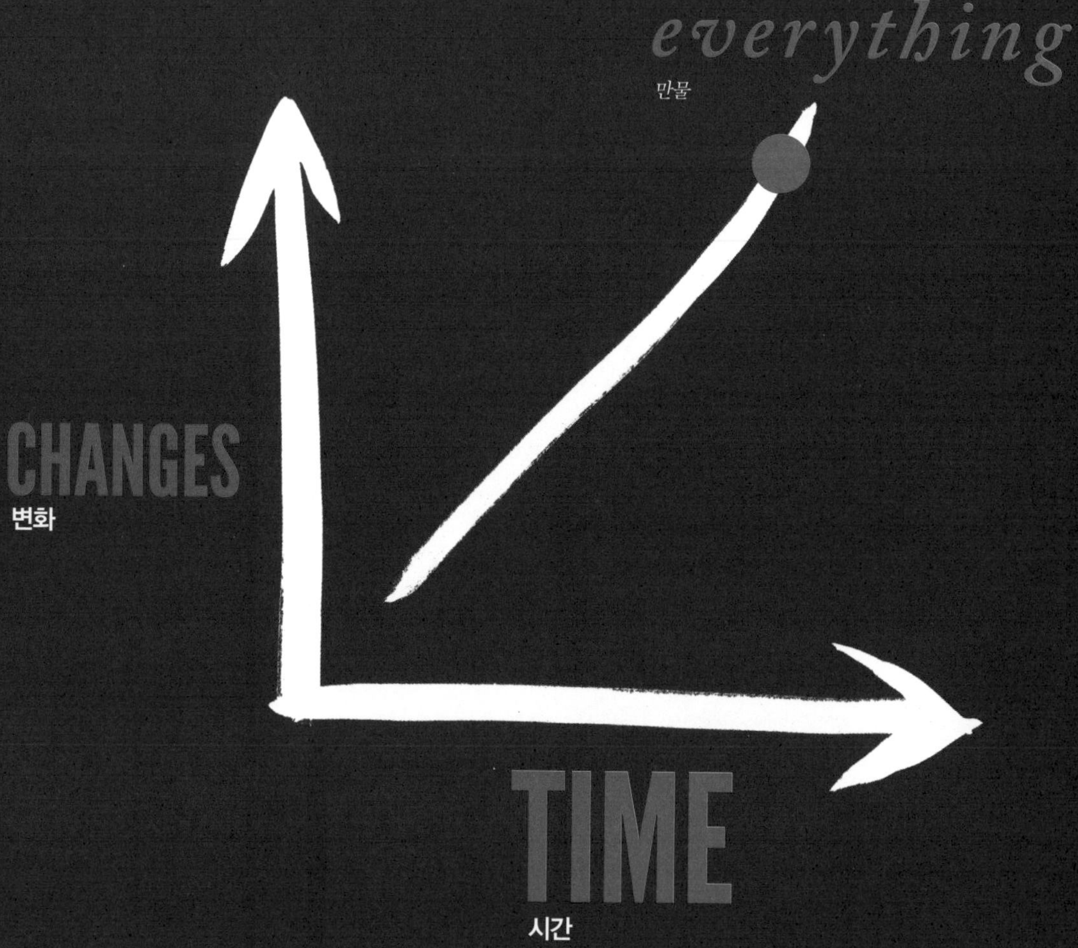

everything

만물

CHANGES

변화

TIME

시간

4. 격류가 흐르는 협곡, 깊이 패인 분지, 사방이 막힌 땅,
복잡한 덤불, 수렁, 갈라진 틈 등은 되도록 빨리 빠져나와야 한다.
가까이 가지 마라.

아군은 이런 지형을 멀리하되 적군이 다가가게 하고,
아군이 이런 지형을 마주하되 적군을 등지게 해야 한다.

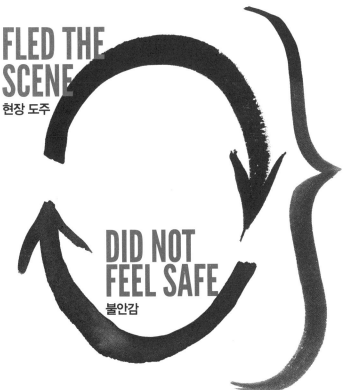

FLED THE
SCENE
현장 도주

DID NOT
FEEL SAFE
불안감

not all who
wander are lost
모든 방랑자가 길을 잃지는 않음

막사 근처에 구릉지나 수목에 둘러싸인 연못,
갈대가 자란 우물이나 잡목이 무성한
덤불이 있다면 신중하게 속속들이
수색해야 한다.
병사들이 매복하거나
교활한 첩자가 잠복할 만한
장소이기 때문이다.

THICK
WOODS
빽빽한 숲

Sasquatch costumes
설인 분장

TREACHERY
내통

moonshiners
밀수업자

PONDS
SURROUNDED
BY GRASS
풀로 둘러싸인 연못

HILLY
COUNTRY
구릉지

office parks
상업 지구

적이 가까이 다가와 조용히 머문다면 진지의 지형적 이점을 믿고 있는 것이다.

적이 멀리 떨어져서 시비를 건다면 상대편이 나서기를 바라는 것이다.

적의 막사가 접근하기 쉬운 곳에 있다면, 그 적은 미끼를 던지는 것이다.

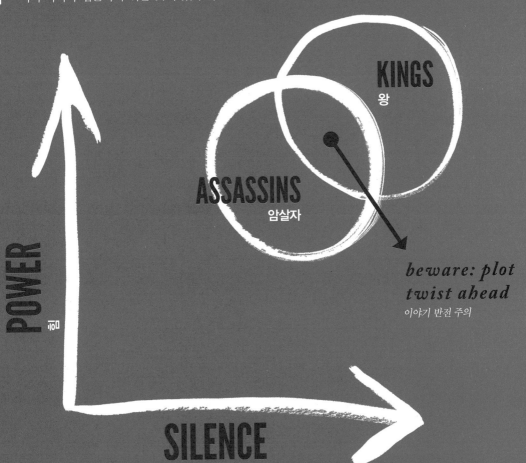

KINGS
왕

ASSASSINS
암살자

POWER
힘

beware: plot twist ahead
이야기 반전 주의

SILENCE
침묵

숲의 나무가 움직이는 것은
적이 진군하고 있다는 신호다.

덤불 속에 차폐물이 많이 보이는 것은
우리가 의심하기를 적이
바란다는 신호다.

새들이 날아오르는 것은
적이 매복하고 있다는 신호다.

짐승들이 놀라는 것은
급습이 임박했다는 신호다.

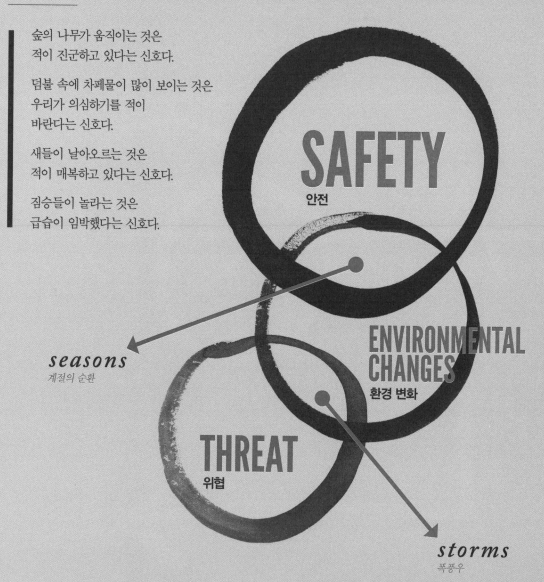

SAFETY
안전

ENVIRONMENTAL
CHANGES
환경 변화

seasons
계절의 순환

THREAT
위협

storms
폭풍우

먼지가 치솟는 것은 전차가 진격하고 있다는 신호고,
먼지가 낮지만 넓게 퍼지는 것은 보병이 몰려오고 있다는 신호다.

먼지가 여러 방향으로 날리는 것은 적이 땔감을 모으고 있다는 신호다.

먼지구름이 이리저리 이는 것은 적이 막사를 세우고 있다는 신호다.

evidence enough to
arrest & convict
체포 & 유죄판결에 충분한 증거

말을 삼가면서 준비를 더 갖추는 것은 적이 이내 진격한다는 신호다.

과격하게 말하면서 공격할 듯 몰아붙이는 것은 적이 후퇴하리라는 신호다.

잽싼 전차부터 나와 양측면에 자리 잡는 것은 적이 전투태세라는 신호다.

선약도 없이 화평을 제의하는 것은 음모를 꾸미고 있다는 신호다.

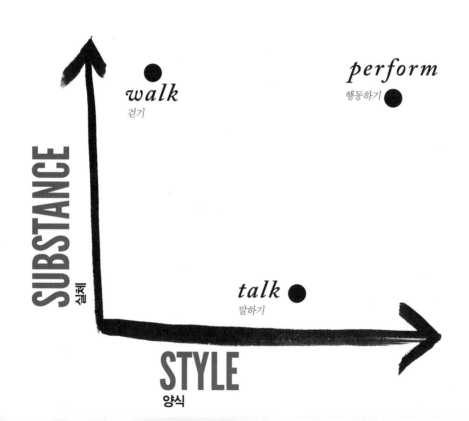

병사들이 바쁘게 움직이며 정렬한다면 결전의 순간이 다가온 것이다.

일부가 진격하고 일부는 후퇴한다면 유인 작전이다.

SNEAKING AROUND

살금살금 돌아다님

CRITICAL MOMENT

결정적 순간

busted

체포

병사들이 창에 기대 서 있다면 굶주림에 시달리는 것이다.

물을 길어 가야 할 병사들이 자신들부터 마신다면 갈증에 시달리는 것이다.

이득을 보고도 움직이지 않는다면 병사들이 지친 것이다.

어떤 곳에 새가 모인다면 텅 빈 것이다.

한밤중에 소리를 지르면 두렵다는 것이다.

HOW GOOD A
MUTINY SOUNDS
폭동 가능성

CASES OF SCURVY ONBOARD
괴혈병의 경우

적 진영이 동요한다면 적장의 권위가 약해진 것이다.

휘장과 깃발이 어지럽게 움직인다면 소요 사태가 일어난 것이다.

참모진이 화를 낸다면 병사들이 지친 것이다.

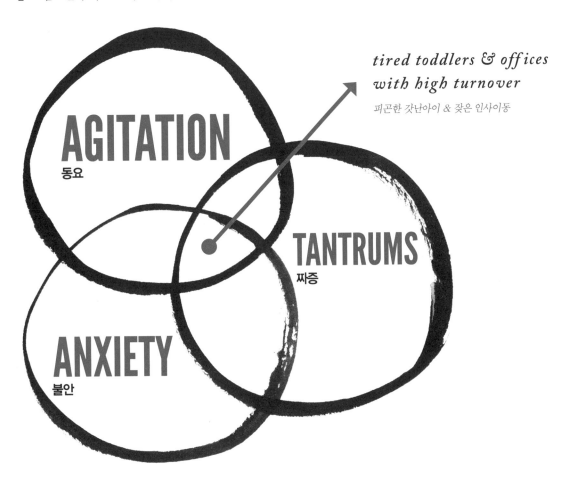

AGITATION
동요

tired toddlers & offices with high turnover

피곤한 갓난아이 & 잦은 인사이동

TANTRUMS
짜증

ANXIETY
불안

말에게 곡물을 먹이고 소를 잡아먹고
모닥불에 그릇을 걸어놓지 않는다면, 막사로 되돌아올 생각이
없는 것이다. 즉, 그들은 결사전에 나서기로 한 것이다.

병사들이 모여 수군거리거나 장수가 활기없이 말한다면,
적군의 위계질서에 문제가 생긴 것이다.

off to war or
to the altar
모든 걸 다 바침

COLD
FEET
차가운 발

SWEATY
PALMS
식은 땀 나는 손

NERVOUSNESS
신경과민

DEPTH OF COMMITMENT
헌신의 정도

너무 자주 보상한다면 적의 재원이 궁색해진 것이고
너무 자주 처벌한다면 적의 곤경이 극에 달한 것이다.

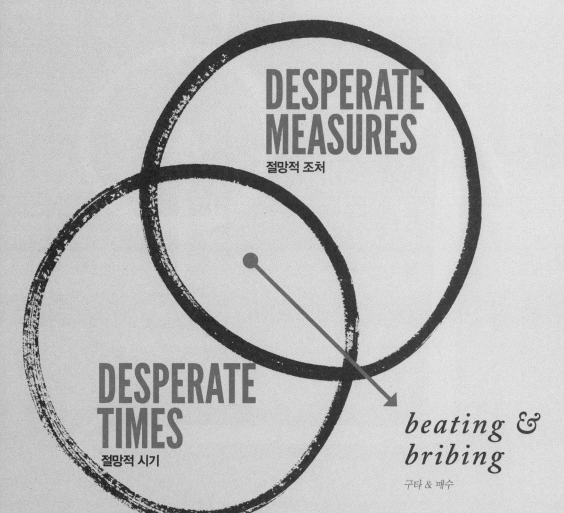

요란하게 개전하고 적의 수에 놀란다면
지략이 심각하게 모자란 것이다.

UNDERDELIVER
부실한 이행

*how to lose deals
& enrage people*

거래를 망치는 방법 & 대중을 화나게 하는 법

사신이 와서 상찬한다면
적이 휴전을 바란다는 신호다.

적군이 격렬히 행군해 와서 아군과 마주한 채 전투를 벌이지도
다시 후퇴하지도 않는다면, 신중히 사방을 살피며 경계 태세를
늦추지 말아야 하는 상황이다.

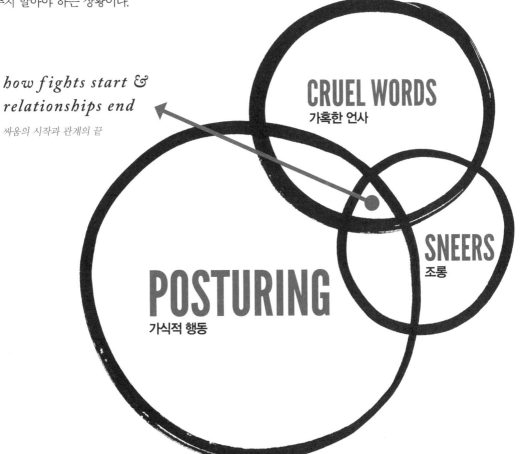

how fights start &
relationships end

싸움의 시작과 관계의 끝

CRUEL WORDS
가혹한 언사

SNEERS
조롱

POSTURING
가식적 행동

아군이 적군보다 수적 열세여도 걱정할 것 없다.
정면 승부만 피하면 된다.

그저 전력을 다하고 적군을 예의 주시하며 원군을 보강하라.

*the path to victory
is revealed*
승리에 이르는 길이 드러남

WATCHFULNESS
경계

PATIENCE
인내

사전 계획이 없으면서도 적을 경시하는 자는
그 적의 포로가 될 것이다.

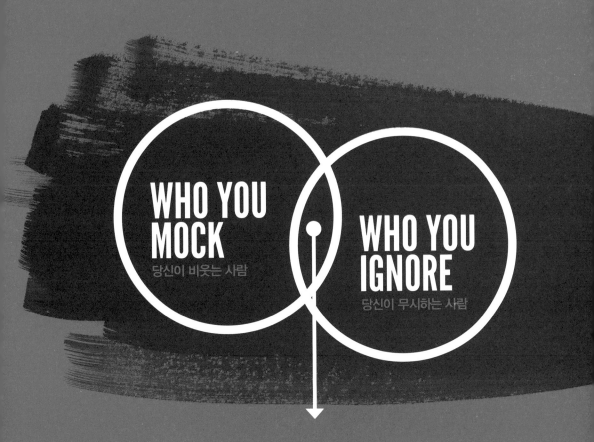

WHO YOU
MOCK
당신이 비웃는 사람

WHO YOU
IGNORE
당신이 무시하는 사람

who you should fear

당신이 두려워 해야 할 사람

병사는 소속감을 느끼기 전에 처벌받으면, 복종하지 않을 것이다.
복종하지 않는 병사는 사실상 쓸모없다.

병사들이 배속되었을 때 처벌이 시행되지 않으면, 그들 역시 쓸모없어질 것이다.

그러므로 병사는 먼저 자애로 대하고
그 후에는 엄격한 규율로 다스려야 한다.

이것이 승리에 이르는 확고한 방법이다.

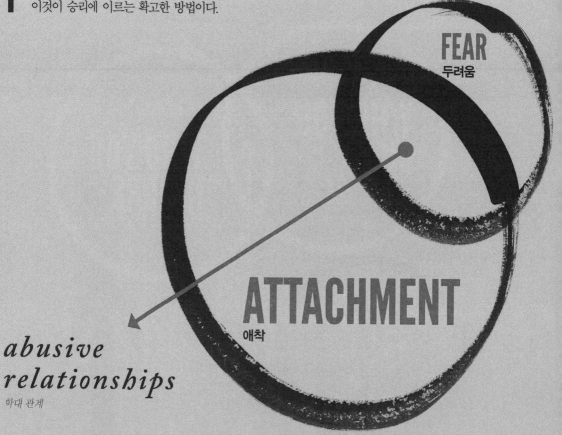

FEAR
두려움

ATTACHMENT
애착

abusive
relationships
학대 관계

병사를 훈련할 때, 명령이 습관적으로 시행되면 그 군대는 단련될 것이다.
그렇지 않다면, 형편없어질 것이다.

장수가 병사들을 신뢰하면서도 명령에 복종하기를 늘 강요한다면
서로에게 득이 될 것이다.

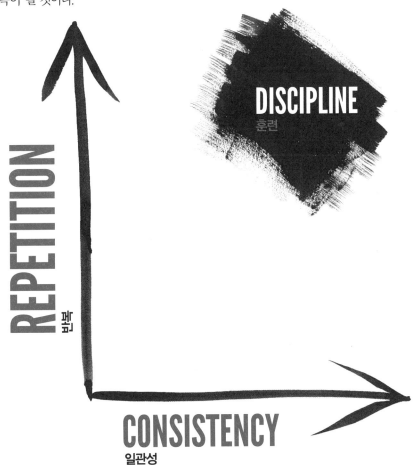

CHAPTER 10

TERRAIN

지형 이해하기

VISUALIZE YOUR GAME PLAN

장소를 시각화하라

손자가 말했다.

지형은 여섯 종류로 나눌 수 있다.
더 정확히 말하자면 다음과 같다.

1. 접근하기 쉬운 지형
2. 얽키설키한 지형
3. 소모적인 지형
4. 좁은 통로
5. 가파른 고지
6. 적진에서 먼 곳

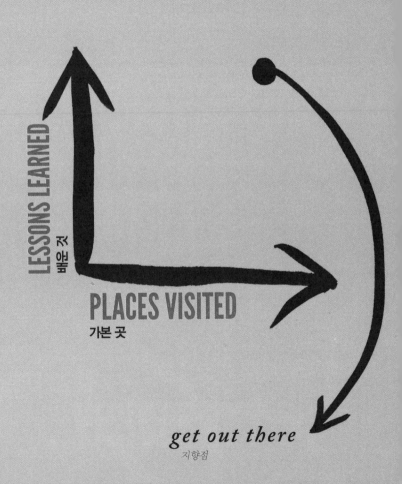

LESSONS LEARNED
배운 것

PLACES VISITED
가본 곳

get out there
지향점

양편 모두 자유로이 횡단할 수 있는 땅이 접근하기 쉬운 지형이다.

이러한 유형의 땅에서는 높고 양지바른 곳을 적보다 먼저 차지한 뒤
물자 보급로를 신중히 보호해야 한다.

그러면 전투를 유리하게 이끌 수 있다.

MAKE YOURSELF KNOWN
자기 홍보

ARRIVE FIRST
1등 도착

DEFEND YOUR CLAIM
권리 보호

call shotgun & dominate your market
먼저 차지 & 시장 장악

버리고 떠날 수 있어도
되찾기 힘든 땅이
얼키설키한 지형이다.

이러한 유형에서,
적이 무방비 상태라면
기습공격 후
패배시킬 수 있다.

하지만 적이
방어태세라면
적을 무찌르지도
물러서지도 못하므로
완패에 이를 것이다.

REDEFINED MAPS
영토 변경

PROPERTY DISPUTES
소유권 분쟁

INVADING SETTLERS
침략적 개척자

gentrifying neighborhoods & the Middle East
고급스러워지는 이웃 & 중동

적이든 아군이든, 먼저 진출하지 않는 편이
이로운 땅이 소모적인 지형이다.

이러한 유형에서는, 적이 그럴싸한 미끼를 던져도
쫓아가지 말고 물러서며 도리어 적을 유인해야 한다.
그러면 일부가 따라 나왔을 때 유리하게 공격할 수 있다.

4-WAY STOP
교차로 일시 정지

gridlock

교통 정체

EXCESSIVE POLITENESS
과도한 양보

좁은 통로에서는 선점할 수 있다면 수비대를 확실히 배치하고
적이 나타나기를 기다려라.

적이 선수쳐서 통로를 차지한 경우 원천 봉쇄 중이라면
뒤쫓지 말고 수비가 허술할 때만 추격하라.

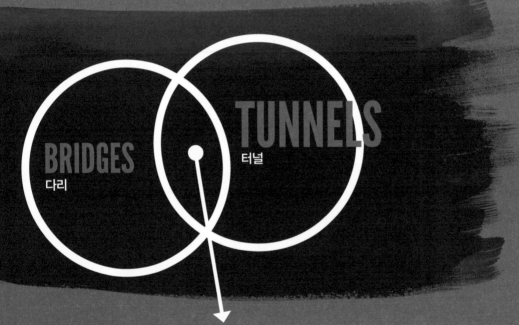

BRIDGES
다리

TUNNELS
터널

MASSIVE TOOLS
거대한 연장

가파른 고지에서는 적보다 먼저 도착했다면,
높고 양지바른 곳을 차지한 뒤 적이 올라오기를 기다려야 한다.

적이 이미 그곳을 차지했다면, 뒤쫓지 말고 후퇴하면서 적을 유인하라.

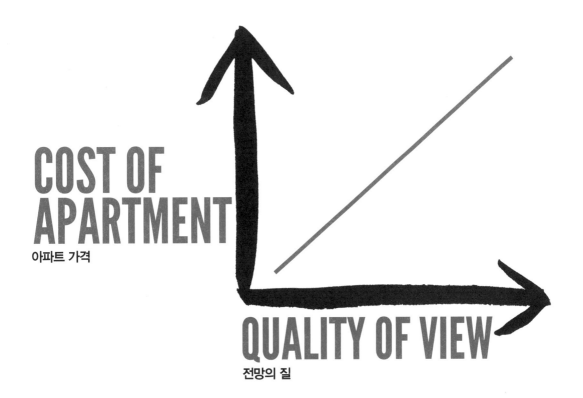

COST OF
APARTMENT
아파트 가격

QUALITY OF VIEW
전망의 질

적과 꽤 멀리 떨어져 있고 양편의 힘이 대등하다면,
전투를 일으키기 쉽지 않고 싸운다 해도
불리할 것이다.

BUILT FOR
DESTRUCTION
파괴용

SO MANY
ARMS
수많은 무기

nukes & Kali
핵무기 & 칼리 여신

이 여섯 가지가 땅과 관련된 원칙이다.

책임이 막중한 자리의 장수는 이 원칙들을 신중히 검토해야 한다.

keeping your foot out of your mouth

말하기 전에 신중히 행동하기

MINEFIELDS AVOIDED

지뢰밭 피하기

AWARENESS OF ISSUES

사안에 대한 자각

1. 군대는 다음 여섯 가지 고난을 당하게 되는데,
이는 자연스럽게 생기는 것이 아니라 장수의 잘못에서 비롯되는 것이다.

  i. 패주
 ii. 항명
iii. 붕괴
 iv. 파멸
  v. 와해
 vi. 참패

DISORDER
무질서

the fall of civilization
문명의 몰락

DESPAIR
좌절

2. 다른 조건이 대등한 상황에서 병력이 열 배인 적과 부딪친다면
그 군대는 패주할 것이다.

3. 사병들이 너무 강하고 참모가 너무 약하면, 항명에 이른다.

참모가 너무 강하고 사병들이 너무 약하면, 그 군대는 붕괴된다.

4. 고위급 참모진이 화를 내며 항명하고 최고 지휘관이
   참전 여부를 말하기도 전에 제 분에 못 이겨 대적한다면, 파멸에 이른다.

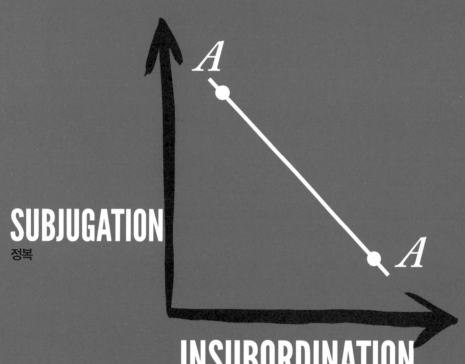

SUBJUGATION
정복

INSUBORDINATION
항명

A = respect is demanded

존중이 요구됨

5. 장수가 우유부단하며 권위가 없고,
명령이 명명백백하지 않고,
참모진 및 병사들에게 임무가
적절히 할당되지 않으며,
병력이 엉성하게 배치된다면,
그 군대는 와해된다.

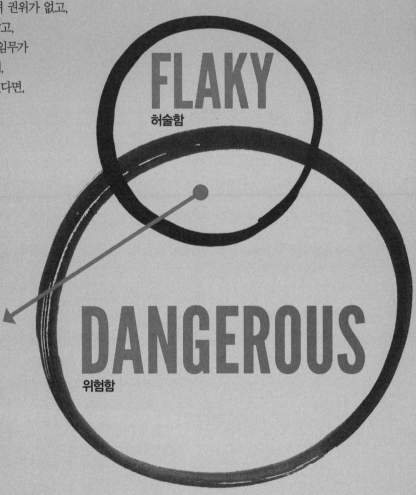

FLAKY
허술함

DANGEROUS
위험함

blizzards &
weak bosses
눈보라 & 나약한 사장

6. 장수가 적군의 힘을 판단하지 못하고 소수의 군이 다수의 군과
교전하게 하거나 약한 파견대로 강한 파견대를 치려 든다면,
그리고 정예 병사들을 전진 배치하지 않으면 당연히 참패한다.

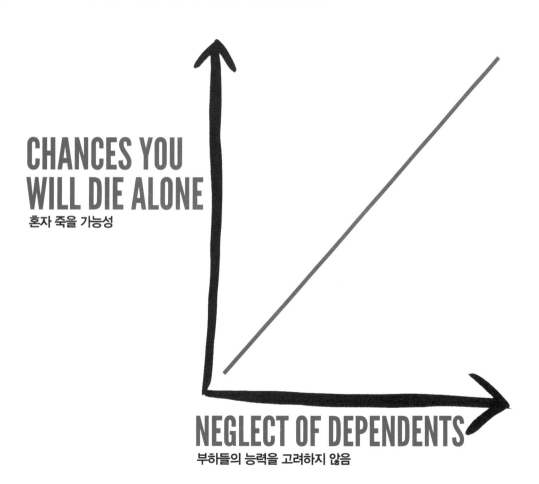

이 여섯 가지 패인을
책임이 막중한 장수는
유념해야 한다.

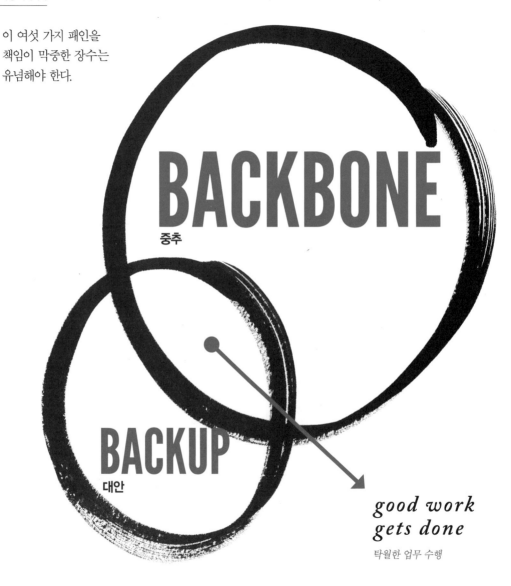

BACKBONE
중추

BACKUP
대안

good work
gets done
탁월한 업무 수행

자연 지형은 군인에게 최고의 협력자다.
하지만 적을 판단하고, 승리를 위해 힘을 조절하고, 난관, 위험,
부대간 거리를 빈틈없이 예측하는 능력은 명장의 시금석이다.

이를 잘 알고 전투에 응용하는 자는 승리할 것이다.

이를 알지 못할뿐더러 실천하지도 않는 자는 필패할 것이다.

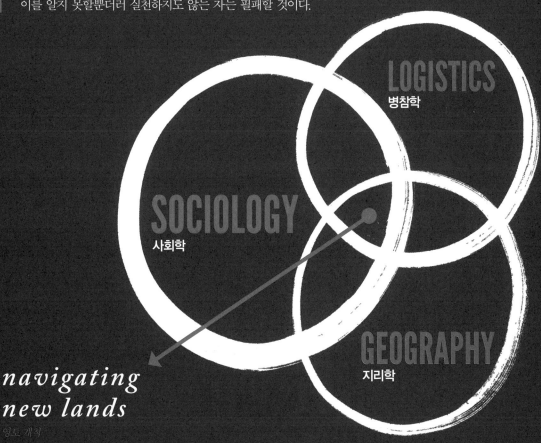

LOGISTICS
병참학

SOCIOLOGY
사회학

GEOGRAPHY
지리학

*navigating
new lands*

영토 개척

전투에서 승리가 확실하다면, 군주가 금하더라도 싸워야 한다.
승리로 이어지지 않는다면, 군주가 명하더라도 싸워서는 안 된다.

making history

역사를 새로 씀

making mistakes

실수를 저지름

FOLLOW-THROUGH

계획 완수

CERTAINTY

확실성

진군하는 데 명예욕이 없고
후퇴하는 데 치욕을 두려워하지 않으며,
국가를 수호하고 군주에 충성하는 데
묵묵히 전념하는 장수가 '나라의 보배'다.

FACTS > EMOTIONS
현실 〉 감정

NATION > SELF
국가 〉 자신

REAL > RUMOR
진실 〉 소문

*the logic of
leadership*
리더십의 논리

병사들을 아이로 간주하라. 그러면 그들은 장수를 깊은 계곡까지 따라나설 것이다.
병사들을 사랑하는 자식처럼 대하라.
그러면 그들은 장수와 함께하기 위해 죽음조차 무릅쓸 것이다.

하지만 병사들을 지나치게 방임해 권위마저 잃는다면 혹은 너무 친절히 대해
명령을 강요하지 못하고, 나아가 무질서조차 바로잡지 못한다면,
장수는 그들을 응석받이 아이로 전락시킨 것이다.
그런 병사들은 아무짝에도 쓸모없다.

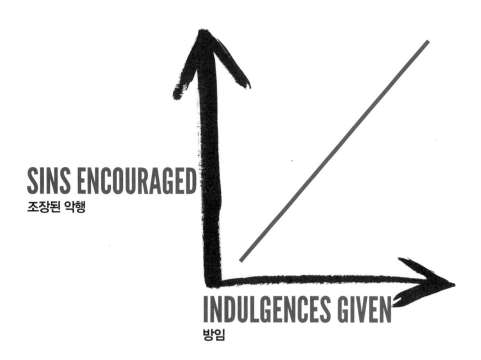

SINS ENCOURAGED
조장된 악행

INDULGENCES GIVEN
방임

아군의 공격 준비가 끝났음은 알지만 적군의 방비가 철저함을 모른다면
절반만 승리한 것이다.

적군의 방비가 허술함은 알지만 아군의 공격 준비가 부실함을 모른다면
절반만 승리한 것이다.

아군의 공격 준비가 끝났음을 알고 적군의 방비가 허술함도 알지만
지형 때문에 전투를 수행하기 어려움은 모른다면
여전히 절반만 승리한 것이다.

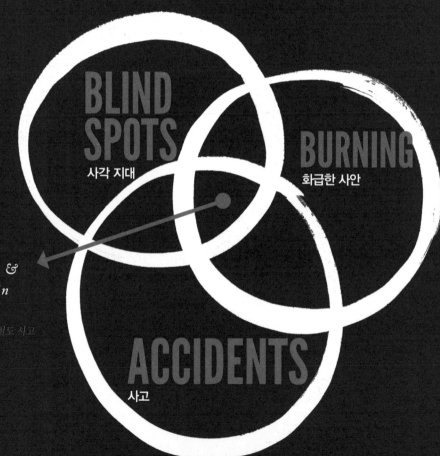

BLIND
SPOTS
사각 지대

BURNING
화급한 사안

actual car crashes &
metaphorical train
wrecks
실제의 교통사고 & 은유의 철도 사고

ACCIDENTS
사고

그러므로 노련한 장수는 행동을 개시하고 당황하지 않으며
군을 일으키고 머뭇거리지 않는다.

그래서 '적을 알고 나를 알면 승리는 확실하다'고 하는 것이다.
하늘을 알고 땅을 알면 완승할 수 있다.

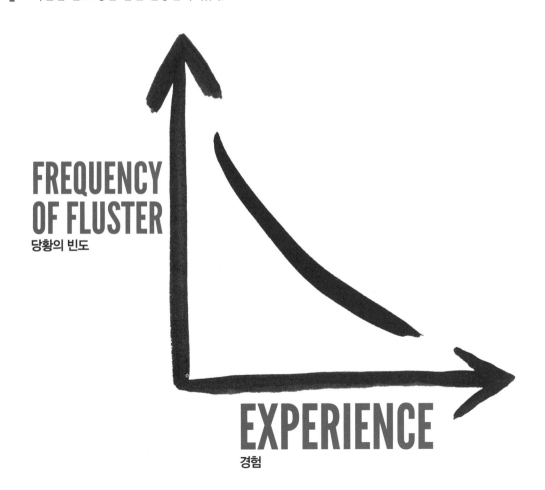

CHAPTER 11

THE NINE SITUATIONS

아홉 가지 상황에 대처하기

VISUALIZE YOUR OUTCOMES

결과를 시각화하라

손자가 말했다.

전쟁의 기술에는 다음 아홉 가지 지형을
이해하는 것도 포함된다.

1. 퍼뜨리는 지형
2. 손쉬운 지형
3. 싸우기 좋은 지형
4. 개방된 지형
5. 교차된 지형
6. 무거운 지형
7. 어려운 지형
8. 에워싸인 지형
9. 위험한 지형

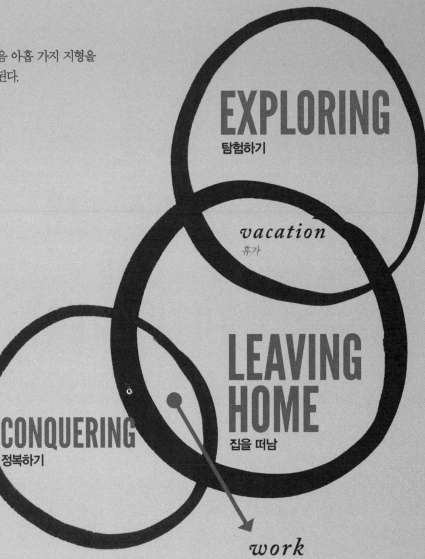

제후가 자기 영토에서 싸울 때
그 땅을 퍼뜨리는 지형이라 한다.

제후가 적의 영토로 진입했으나
깊이 들어가지는 않았을 때
그 땅을 손쉬운 지형이라 한다.

어느 쪽이 차지하든 엄청난 혜택을
누릴 수 있는 땅을 싸우기 좋은
지형이라 한다.

SAFE STREETS
안전한 거리

GOOD SCHOOLS
좋은 학교

bidding wars
입찰 경쟁

적군이든 아군이든 자유롭게 넘나들 수 있는 땅을 개방된 지형이라 한다.

인접한 세 나라의 접경지대이므로 먼저 차지하면 천하를
얻을 수 있는 땅을 교차된 지형이라 한다.

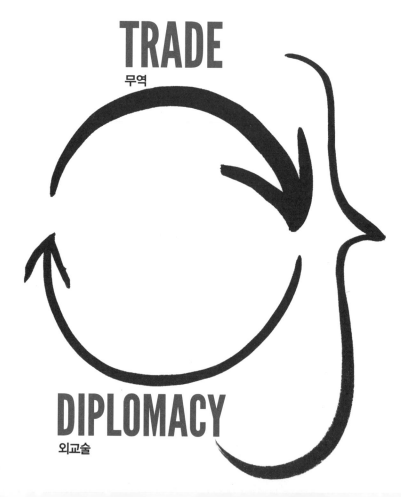

적국 깊숙이 침투해 수많은 요새를 등졌을 때
그 땅을 무거운 지형이라 한다.

산림 지대, 험준한 경사지, 습지나 늪지 등 지나가기 힘든 땅을
어려운 지형이라 한다.

SLOW
GOING
느리게 이동함

reaching great heights
고지 정복

TREACHEROUS
위험함

WORTH IT
가치 있음

좁은 통로를 거쳐야 도달하는 데다 먼 길을 우회해야 후퇴할 수 있는 땅,
따라서 아군이 수적으로 우세해도 힘겹게 대적해야 하는 땅을
둘러싸인 지형이라 한다.

죽을 각오로 전투에 임해야만 살아 돌아올 법한 땅을
위험한 지형이라 한다.

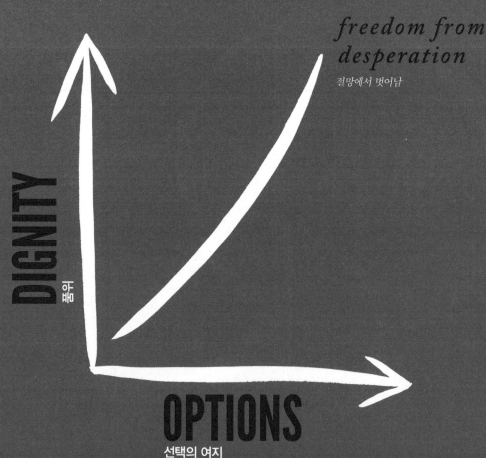

freedom from desperation

절망에서 벗어남

DIGNITY

품위

OPTIONS

선택의 여지

그러므로, 퍼뜨리는 지형에서는 싸우지 말아야 한다.

손쉬운 지형에서는 멈추지 말아야 한다.

싸우기 좋은 지형에서는 적에게 이미 빼앗겼을 경우 공격하지 말아야 한다.

개방된 지형에서는 병력이 끊기지 않게 해야 한다.

교차된 지형에서는 주변국과 외교해야 한다.

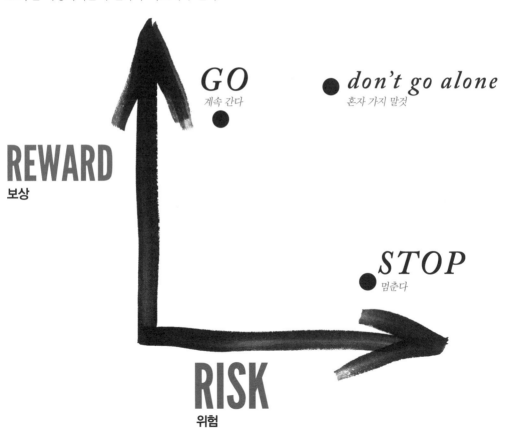

무거운 지형에서는 약탈해야 한다.

어려운 지형에서는 계속 행군해야 한다.

둘러싸인 지형에서는 모략을 세워야 한다.

위험한 지형에서는 무조건 싸워야 한다.

how to survive the
Zombie Apocalypse
좀비로 뒤덮인 도시에서 살아남는 법

옛날 명장들은 적군 전후방의 통신을 원활치 못하게 했고,
적군의 본진과 소부대가 협력하지 못하게 했으며 원군을 청하지 못하게 했고,
장수가 병사들을 규합하지 못하게 했다.

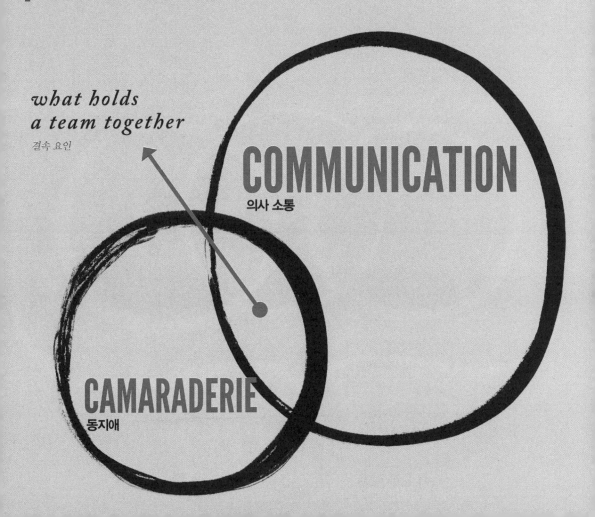

what holds
a team together
결속 요인

COMMUNICATION
의사 소통

CAMARADERIE
동지애

또한, 옛날 장수들은 적의 병력이 모이면 훼방해
제대로 정렬되지 못하게 했다.

그들은 유리해야 움직였고 불리하면 멈추었다.

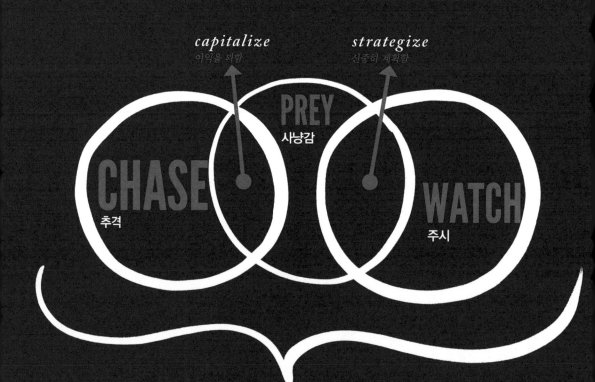

누군가 "체계적인 대군이 침공하려 한다면 당신은
어찌 대처하겠는가?"라고 묻는다면, 내 대답은 이렇다.

"적에게 중요한 것부터 빼앗아라.
그러면 적을 요리하게 될 것이다."

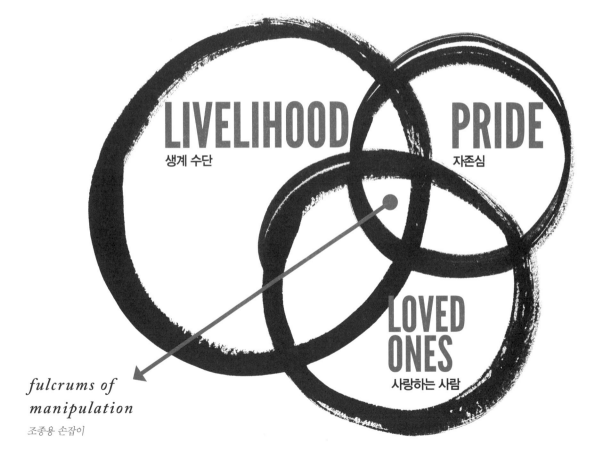

LIVELIHOOD
생계 수단

PRIDE
자존심

LOVED
ONES
사랑하는 사람

fulcrums of
manipulation
조종의 손잡이

속도는 전쟁의 핵심이다.

적의 둔한 움직임을 이용하여 예상치 못한 경로로 진격한 뒤,
방어되지 않은 곳을 공격하라.

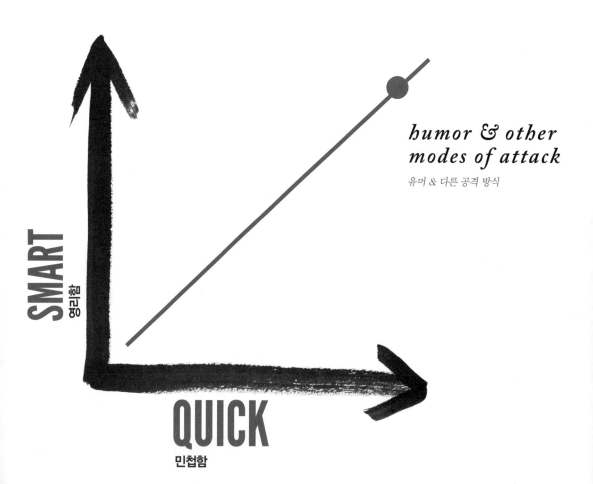

SMART
영리함

QUICK
민첩함

*humor & other
modes of attack*

유머 & 다른 공격 방식

공격할 때는 다음 원칙들을 지켜야 한다.

적진으로 깊숙이 침투할수록 아군은 더 강력히 결집하고,
이러한 아군을 적은 결코 물리치지 못할 것이다.

풍요로운 땅을 약탈하면 전체 군대의 식량이 넉넉해질 것이다.

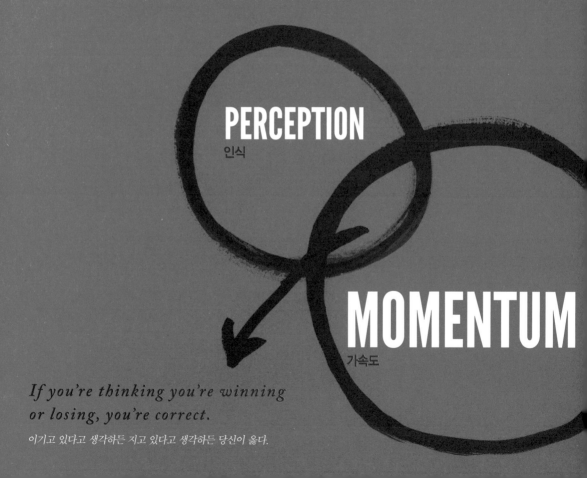

PERCEPTION
인식

MOMENTUM
가속도

*If you're thinking you're winning
or losing, you're correct.*

이기고 있다고 생각하든 지고 있다고 생각하든 당신이 옳다.

병사들의 안위를 신중히 살펴라.
병사들을 혹사하지 마라.

병력을 집중하고
힘을 끌어모아라.

병력을 끊임없이
이동하면서
예측 불가능한 계책을
고안하라.

apathy
무관심

ROT
약화

MACHINERY
& MARRIAGES
기계 & 결혼 생활

RUN
운행

regular
maintenance
정기 점검

도망치지 못할 곳으로 병사들을 몰아넣으면
그들은 달아나느니 필사적으로 싸우는 편을 택할 것이다.
죽음을 무릅쓴다면, 이뤄내지 못할 일이 없다.

이런 상황에서는 장수와 병사 모두
능력을 최대로 발휘할 것이다.

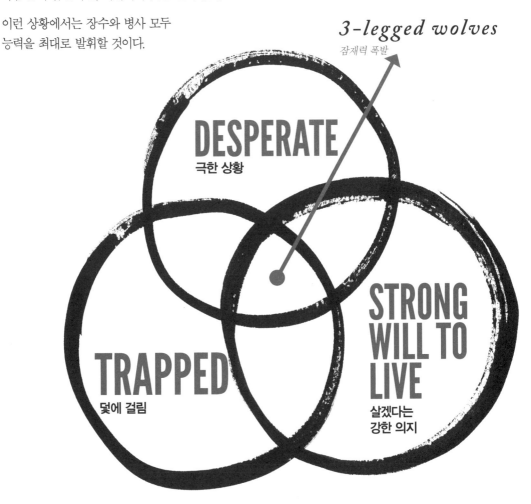

병사들은 극한 상황에 처하면 오히려 두려움을 잊는다.

도망칠 곳이 없으면 정면으로 대적한다.

적국 깊숙이 들어가면 계속 완강하게 밀어붙인다.

기댈 곳이 없으면 싸움에 맹렬히 임한다.

그러므로 병사들은 지시 받지 않아도 끊임없이 경계할 것이고
요구 받지 않아도 성과를 낼 것이다. 규제 없이도 충성을 다할 것이고
명령 없이도 기꺼이 협력할 것이다.

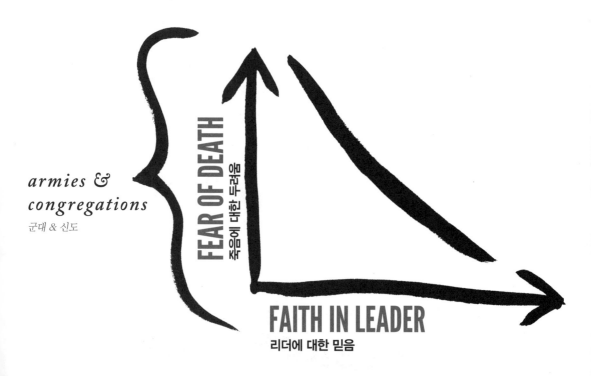

armies &
congregations
군대 & 신도

FEAR OF DEATH
죽음에 대한 두려움

FAITH IN LEADER
리더에 대한 믿음

예언을 금지하고 미신을 제거하라.

그러면 죽을 때까지 그 어떤 재앙도
두렵지 않게 될 것이다.

병사들이 재물에 얽매이지 않는 것은
부를 싫어해서가 아니다. 병사들이
목숨에 연연하지 않는 것은 장생을
싫어해서가 아니다.

WEALTHY

부유함

HEALTHY

건강함

WISE

현명함

*no thanks to
superstitions*

미신에 기대지 않음

마지막 전투를 명령 받는 날, 앉아있던 병사들은 눈물로 옷깃을 적시고, 누워있던 병사들의 턱 끝에는 눈물이 맺힐 것이다.

그래도 전장에 들어서면 그들은 '전제(Chu)'와 '조귀(Kuei)'의 용기로 싸울 것이다.

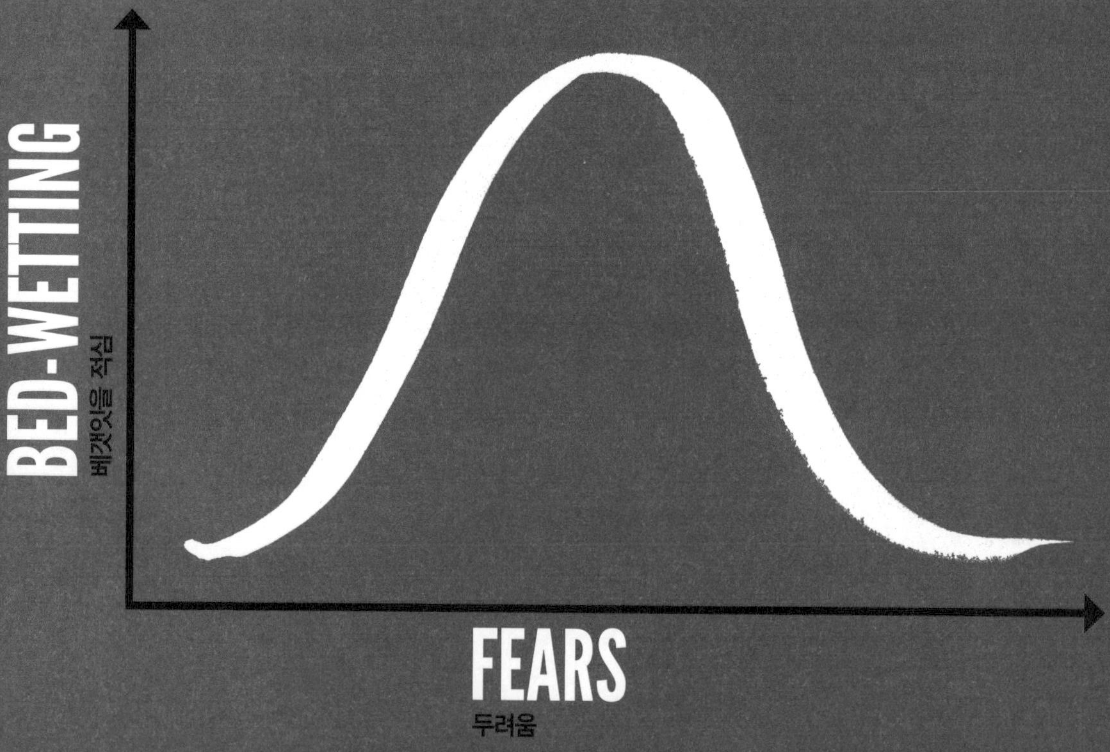

BED-WETTING
베갯잇을 적심

FEARS
두려움

뛰어난 전략가는 솔연에 비유할 수 있다.

솔연은 뱀의 일종으로 '상산(Ch'ang mountains)'에서 발견된다.

이 뱀은 머리를 치면 꼬리로, 꼬리를 치면 머리로,
몸통을 치면 머리와 꼬리 모두로 공격한다.

'군대도 솔연처럼 만들 수 있는가'라고 묻는다면
나는 '그렇다'고 답할 것이다.

오나라 사람과 월나라 사람은 서로 싫어한다.
하지만 배를 함께 타고 강을 건너다 폭우에 휩쓸리면
왼손이 오른손을 돕듯 서로 도울 것이다.

그러므로 말들을 나란히 묶거나 전차 바퀴를 땅에 묻는 등
외형적 조치에만 의존하면 안 된다.

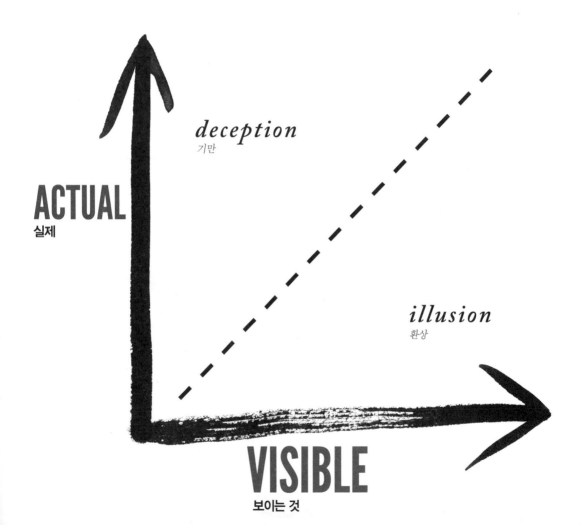

군대를 통솔하는 원칙은, 용맹성의 척도를 설정하고 이에 전군이 부응하게 하는 것이다.

강한 병사와 약한 병사 모두가 최대한 성과를 내게 하려면 지형지세를 적절히 활용해야 한다.

능숙한 장수가 한 사람을 이끌듯 군 전체를 움직이는 것은 병사들 각자에 걸맞은
임무를 배당하여 그럴 수밖에 없게 만든 덕이다.

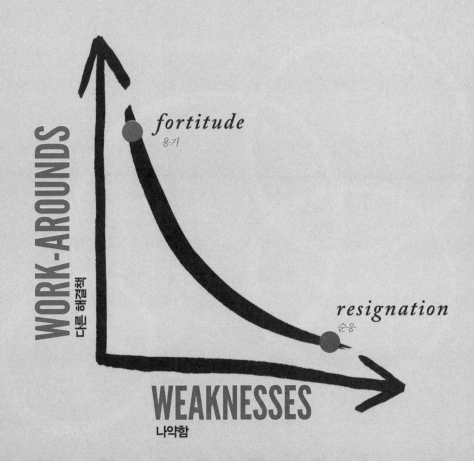

고요히 머물며 비밀을 지키는 것, 그것이 장수의 임무다.
장수는 공정함과 올바름으로 군 질서를 유지해야 한다.

장수는 언행을 가다듬어 자신의 의도를 병사들이 알아채지 못하게,
그리하여 아예 모르게 할 수 있어야 한다.

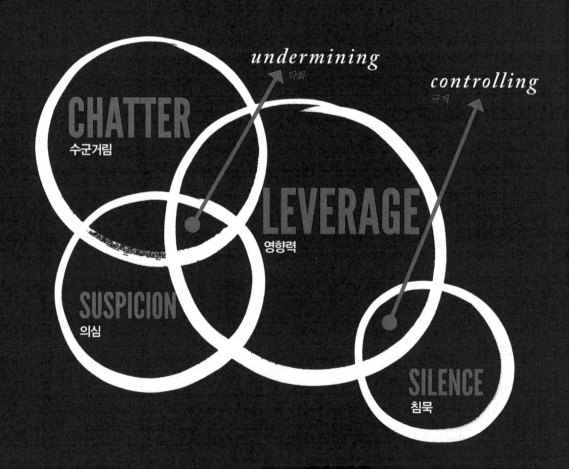

장수는 병력 배치를 바꾸고 계획을 변경해
사람들이 전혀 예측하지 못하게 해야 한다.

장수는 주둔지를 옮기고 길을 우회해 사람들이
결코 알아채지 못하게 해야 한다.

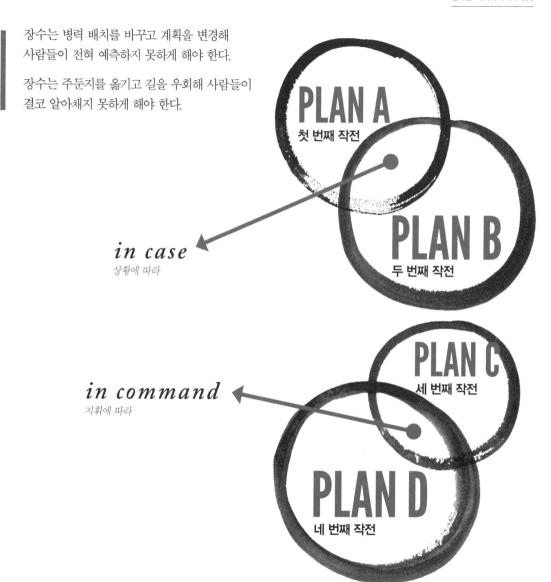

PLAN A
첫 번째 작전

PLAN B
두 번째 작전

in case
상황에 따라

PLAN C
세 번째 작전

PLAN D
네 번째 작전

in command
지휘에 따라

군대의 장수는 중요한 순간에 높은 곳으로 올라가
사다리를 걷어차는 사람처럼 행동한다.

그는 계획을 알리기 전에 병사들을 적국 깊숙이 인솔한다.

그는 배를 불태우고 솥을 부순 뒤,
무지한 병사들을 양떼 몰듯 이리저리 이끈다.

병사들을 규합해 위험 속에 던지는 것, 그것이 장수의 임무다.

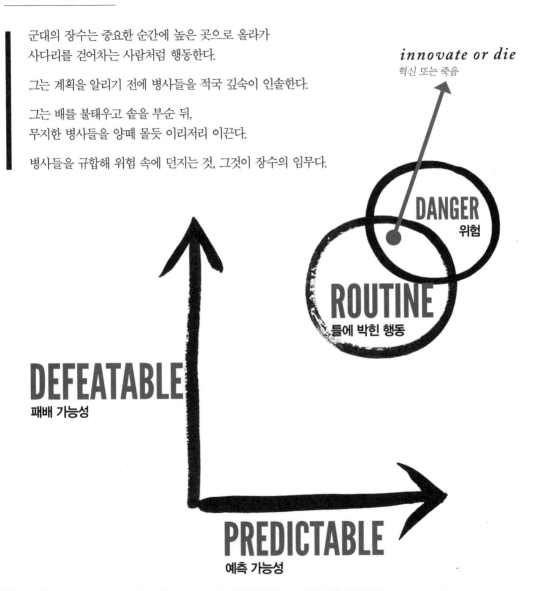

innovate or die
혁신 또는 죽음

DANGER
위험

ROUTINE
틀에 박힌 행동

DEFEATABLE
패배 가능성

PREDICTABLE
예측 가능성

장수는 아홉 가지 지형에 따른 대응책과
공격 및 방어 전략을 구사할 시기, 인간 본성의 근본적 법칙 등을
철저히 탐구해야 한다.

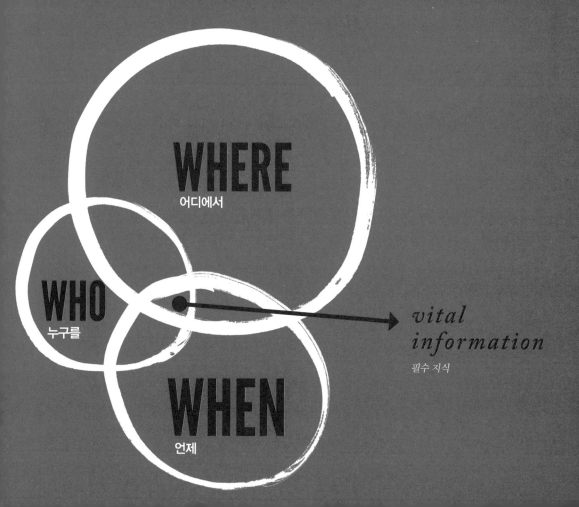

적국 깊숙이 침투하면
군 전체의 결속력이
강해지지만 그렇지 않으면
탈영병들로 인해 병력이
와해된다.
이것은 적지로 진군할 때
적용되는 일반 법칙이다.

고국을 떠나 국경을 넘은 군대는 중대한 지형에 들어선 것이다.

사방으로 소통할 수 있는 곳은 교차된 지형의 일종이다.

적국으로 깊숙이 침투했다면, 무거운 지형에 들어선 것이다.

적국으로 얼마 진입하지 못했다면, 손쉬운 지형에 들어선 것이다.

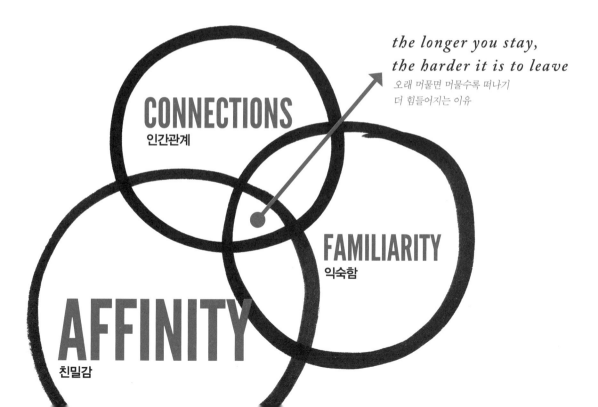

CONNECTIONS
인간관계

the longer you stay,
the harder it is to leave
오래 머물면 머물수록 떠나기
더 힘들어지는 이유

FAMILIARITY
익숙함

AFFINITY
친밀감

적의 요새를 등진 채 좁은 통로와 마주한다면, 그곳은 둘러싸인 지형이다.

피할 곳이 없다면, 그곳은 위험한 지형이다.

퍼뜨리는 지형에서는 병사들의 뜻이 합치되어야 한다.

손쉬운 지형에서는 병력이 공고히 결집되어 있는지 살펴야 한다.

싸우기 좋은 지형에서는 적의 후방으로 서둘러 가야 한다.

SAFETY
안전성

LOITERING
꾸물거림

개방된 지형에서는 방어에 각별히 신경써야 한다.

교차된 지형에서는 주변국과의 관계를 굳건히 다져야 한다.

무거운 지형에서는 군량이 연이어 보급되게 해야 한다.

어려운 지형에서는 계속 행군해야 한다.

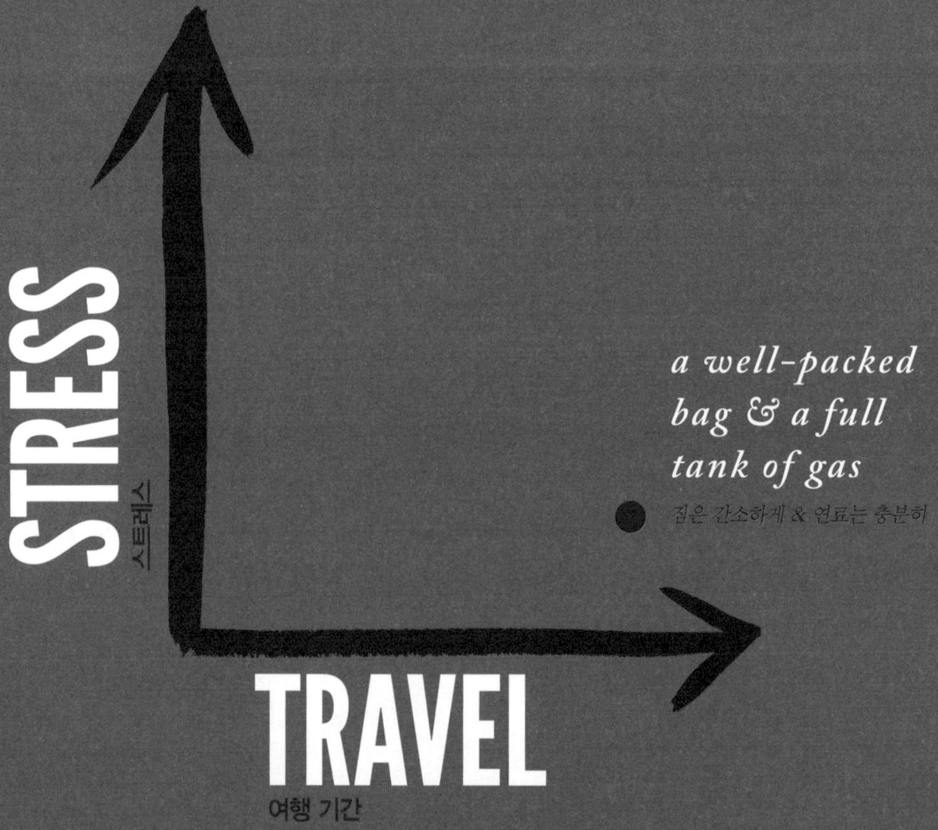

STRESS
스트레스

TRAVEL
여행 기간

a well-packed bag & a full tank of gas

짐은 간소하게 & 연료는 충분히

둘러싸인 지형에서는
퇴로를 전부 차단해야 한다.

위험한 지형에서는 살아 돌아갈
희망을 버리라고 명령해야 한다.

포위 당하면 저항하고,
도리 없으면 싸우고,
위험하면 순종하는 것,
그것이 바로 병사들의
본성이기 때문이다.

VIABLE EXIT STRATEGIES

실행 가능한 탈출 전략

less than full commitment

충분히 헌신하지 않음

PERMISSION TO LEAVE

떠나도 좋다는 허락

제후의 의중을 모르는 자는
외교 교섭을 맺지 못한다.

외지의 지형(산과 숲, 구덩이와 절벽, 습지와 늪지 등)에
서툰 자는 군대를 인솔하지 못한다.

길 안내인을 쓰지 않는 자는
지리적 이득을 얻지 못한다.

CONTEMPTIBLE
경멸스러운

carpetbaggers
& invasive
species
뜨내기 & 침략자

**NEW TO THE
AREA & LOOKING
TO TAKE OVER**
지역을 잘 모르면서 한 몫 챙기려 함

다음 네다섯 가지 중 하나라도 무시하면
그 군대는 패왕의 군대라 할 수 없다.

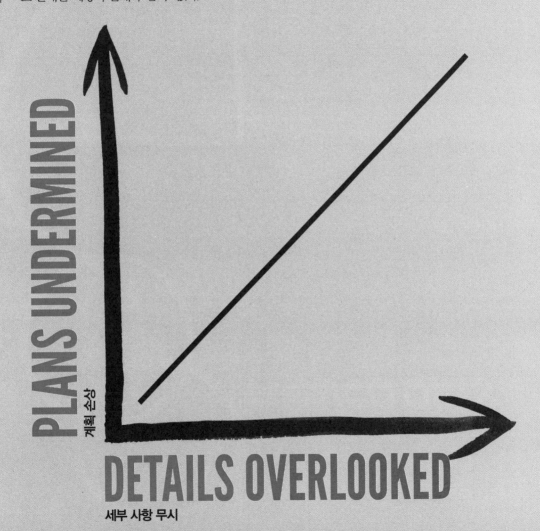

강력한 국가를 공격하는 패왕은
적의 병력이 집중되지 못하게 방해한다.

그는 적국을 위압해 주변국과
동맹하지 못하게 만든다.

그는 많은 주변국과 동맹하려 분투하지
않고, 다른 나라들이 힘을 쌓게
방치하지도 않는다.

그는 고유한 책략을 활용해 적들을
두렵게 한다.

결국 그는 적의 성을 공발할 수 있고
적국 전체를 함락할 수도 있다.

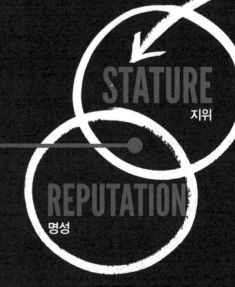

INTIMIDATION
위협

COMPOSURE
침착

STATURE
지위

SWOON
혼절

REPUTATION
명성

> 법에 없는 상을 내리고
> 정사에 없는 명령을 내려라.
> 그러면 군대 전체를 한 사람
> 다루듯 부릴 수 있을 것이다.

MERITOCRACY
실력 중시

REWARDS
보상

the American dream
아메리칸 드림

병사들을 일로써 움직여라.
계획을 발설해서는 안 된다.

상황이 좋다면 그 상황을 병사들에게
보여 주어라. 하지만 좋지 않다면
아무 말도 하지 마라.

군대를 치명적 위험으로 몰면 군대는 살아남을 것이다.
군대를 절망적 상황 속으로 투입하면 군대는 안전하게 생환할 것이다.

적에게 치명적 일격을 가할 때는 바로 군대가 심각한 난국에 빠졌을 경우이다.

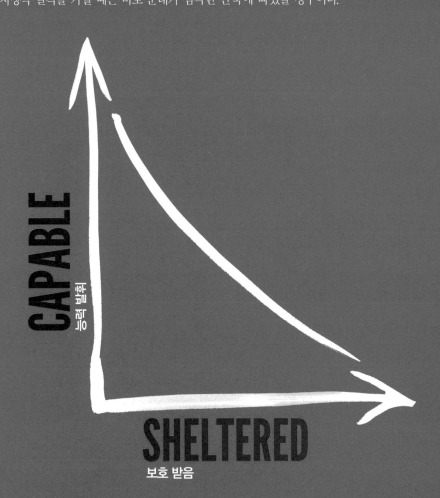

CAPABLE
능력 발휘

SHELTERED
보호 받음

적의 의도대로 돌아가는 양 꾸미는 데서 승리를 얻을 수 있다.

계속 적의 뜻에 따르는 것처럼 하면
결국 적장을 죽일 수 있을 것이다.

이를 일러 '간계로써 일을 성취하는 능력'이라 한다.

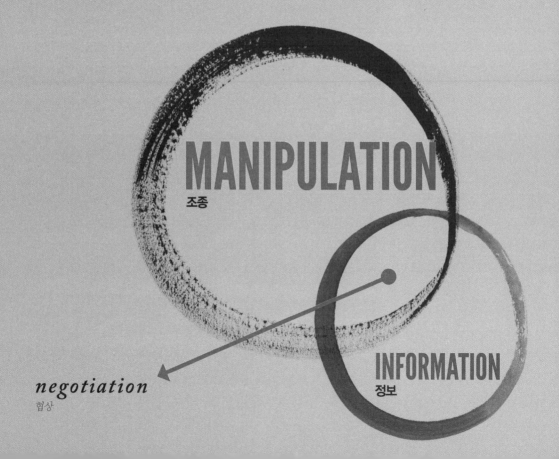

정벌하는 날에는 국경을 폐쇄하고, 통행증을 없애고,
사신들의 통로를 모두 차단하라.

조정에 엄격히 머물며
상황을 통제하라.

적이 관문을 열어 두었다면,
그곳으로 습격해야 한다.

적에게 중요한 것을 빼앗아 기선을 제압하고
적이 나타날 시간대를 세심하게 예측하라.

CONTAIN
THEM
행동제약

KEEP
THEM
BUSY
바쁘게 함

SEPARATE
THEM
인원배분

schools & prisons
학교 & 감옥

결전을 치르기 전까지 규정된 절차에 따라
적의 상태에 적응하라.

처음에는 소녀처럼 처신하다가 적이
허술해지면 민첩한 토끼처럼 행동하라.
그러면 적군은 아군의 공격을
막지 못할 것이다.

LEARN
THE RULES
기본 규칙을 배움

before your
breakout move
재능을 펼치기 전에 이것부터

PLAY NICELY
모범적으로 행동함

CHAPTER 12
THE ATTACK BY FIRE
불로 공격하기

VISUALIZE YOUR FLASHPOINTS

인화 지점을 시각화하라

손자가 말했다.

불로 공격하는 방법에는 다섯 가지가 있다.

첫째는 병사들이 있는 막사를 불태우는 것이고, 둘째는 비축된 군량을 불태우는 것이며,
셋째는 운송중인 보급품을 불태우는 것이고, 넷째는 군수품 창고를 불태우는 것이다.
그리고 마지막은 적진 한가운데 불덩이를 던지는 것이다.

*fire alarms
in every home*
화재 경보기

SECURITY
경비 장치

SAFETY
안전 장치

불로 공격하려면
수단부터 갖춰야 한다.

불 붙이는 물질을
언제든 사용할 수 있게
준비해야 한다.

불로 공격하기 적절한 계절이 있고
불을 일으키기 알맞은 날짜가 있다.

적절한 계절이란 날이 건조한
계절을 말하고 알맞은 날짜란 달이
'기(Sieve)', '벽(Wall)', '익(Wing)',
'진(Cross-bar)'의 별자리에 있는
날을 말한다.
이 날들 모두 바람이 잘 인다.

right place, right time
적절한 장소, 적절한 시간

불로 공격할 때는 다섯 가지 변화에 대처할 수 있게 준비해야 한다.

1. 적의 진영 내부에서 불이 나면 즉시 외부 공격으로 대응해야 한다.

2. 불이 났어도 적병이 조용하면 공격하지 말고 기다려야 한다.

3. 불길이 치솟을 때 그 불길을 좇아 진입하는 것이 유리하다면 공격을 개시하고, 그렇지 않다면 보류해야 한다.

4. 외부에서 불을 지를 수 있다면 적진 내부에서 불이 나길 기다리지 말고 적절한 시기를 골라 화공해야 한다.

5. 불을 일으킬 때는 바람이 불어오는 쪽에 자리 잡아야 한다. 바람을 마주하며 공격해서는 안 된다.

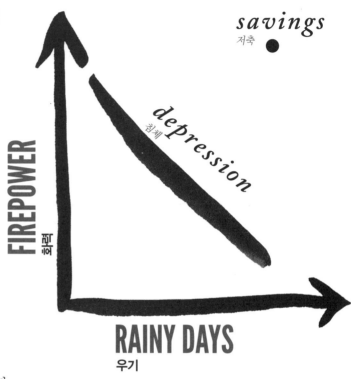

savings
저축

depression
침체

FIREPOWER
화력

RAINY DAYS
우기

낮에 인 바람은 오래 지속되지만
밤에 시작된 미풍은 즉시 가라앉는다.

HOLIDAY
WEEKEND
주말 연휴

when bad news is
shared publicly
골치 아픈 일들이 공공연히 공유됨

FRIDAY NIGHT
금요일 밤

모든 군대는 불의 다섯 가지 변화를 알아야 하고
별의 움직임을 계산해야 하며,
적절한 시기를 놓치지 않게 항상 경계해야 한다.

그러므로 불을 공격에 응용하려면 장수가 지혜로워야 하고
물을 공격에 응용하려면 군이 강력해야 한다.

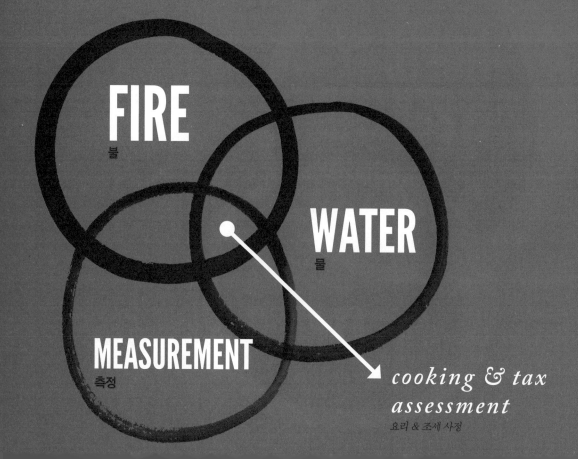

FIRE
불

WATER
물

MEASUREMENT
측정

cooking & tax assessment
요리 & 조세 사정

물을 사용해 적의 행렬을 끊을 수 있을지언정
적의 모든 것을 빼앗지 못하기 때문이다.

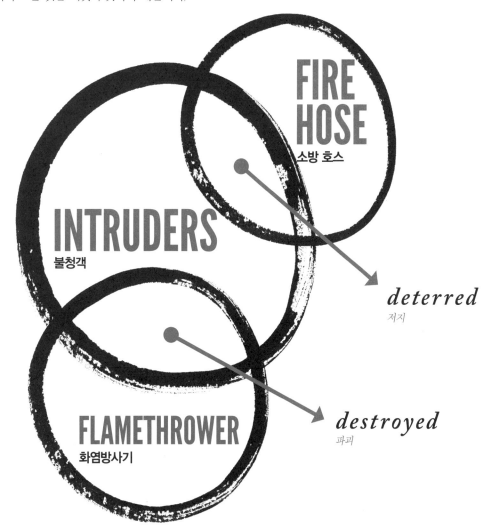

공격에 성공하여 전투에서 승리하고도
그 이득을 잘 다스리지 못한다면,
그 장수는 좋지 못한 운명에 치할 것이다.
시간과 사기를 낭비했기 때문이다.

그러므로 사람들은 말한다.

"현명한 군주는 승리를
잘 계획하고 훌륭한 장수는
승리를 잘 다스린다."

INNOVATION
혁신

PLANS
계획

CREATIVITY
창의력

*what
investors
seek*
투자자들이 추구하는 것

이익이 되지 않으면 움직이지 마라.
얻을 것이 없다면 병력을 쓰지 말고
위태롭지 않다면 싸움에 임하지 마라.

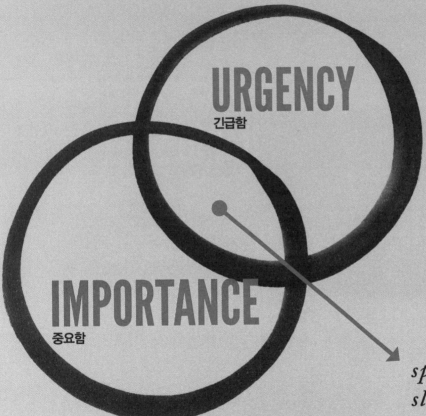

URGENCY
긴급함

IMPORTANCE
중요함

*speed up or
slam on the
brakes*
속도를 내거나 브레이크를 밟음

> 군주는 단순히 분노가 치민다고 군대를 일으켜서는 안 된다.
> 장수는 그저 화가 난다고 전투에 뛰어들어서는 안 된다.
>
> 유리하면 나가고 불리하면 멈춰야 한다.

EGO
자의식

IMPULSE
충동

a danger to yourself and others
자신과 타인에 미치는 위험

분노는 이내 기쁨으로 변하고, 화는 다시 만족으로 이어질 수 있다.

하지만 한 번 패망한 나라는 다시 일어나지 못하고, 한 번 죽은 사람은 다시 살아나지 못한다.

그러므로 현명한 군주는 이를 조심하고, 훌륭한 장수는 이를 경계한다.

이것이 바로 나라를 평화롭게 하고 군대를 온전히 보존하는 길이다.

CHAPTER 13
THE USE OF SPIES
간첩을 활용하기

VISUALIZE YOUR TRUTHS

실체를 시각화하라

손자가 말했다.

십만 대군을 일으켜 먼 곳으로 보내면
백성의 재산이 크게 손실되고 국가 재원이 축난다.

하루에 소모되는 비용만 천 금에 달한다.

나라 안팎이 떠들썩해지면 백성은 초조하게 거리를 오가며
시간을 허비한다.

그리하여 칠십 만에 이르는 가구가 제대로 일하지 못한다.

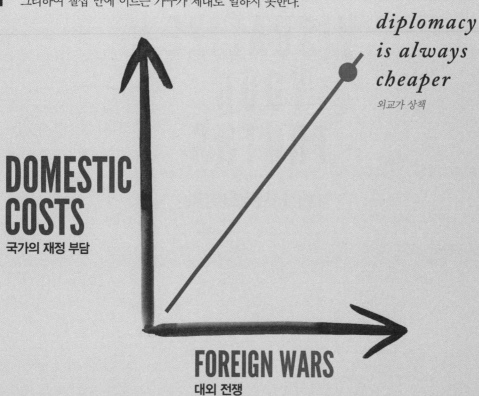

*diplomacy
is always
cheaper*

외교가 상책

**DOMESTIC
COSTS**

국가의 재정 부담

FOREIGN WARS

대외 전쟁

적군과 아군은 수년간 대치하면서 승리를 노릴 것이다.
하지만 그 승리는 하루의 싸움만으로 결정난다.

그러므로 경비 지출을 꺼리며 금전에 탐닉하다가 적의 사정에
무지해지는 것이야말로 어리석음의 극치다.

그렇게 행동하는 자는 군대의 장수도 아니고 군주의 보좌도 아니며
승리의 주인도 아니다.

A = *grudges* 원한
B = *resentments* 분개
C = *jealousy* 시기
D = *damage to self-interests*
자기만 손해

그러므로 현명한 군주와 훌륭한 장수는 적을 파악하는 선견지명에 의지한다.
그들이 싸워서 정복하고 업적을 달성하는 데 뛰어난 것도 선견지명 덕택이다.

그런데 이 선견지명은 귀신에게 얻을 수 있는 것도 아니고 경험에서
이끌 수 있는 것도 아니며 추산할 수 있는 것도 아니다.

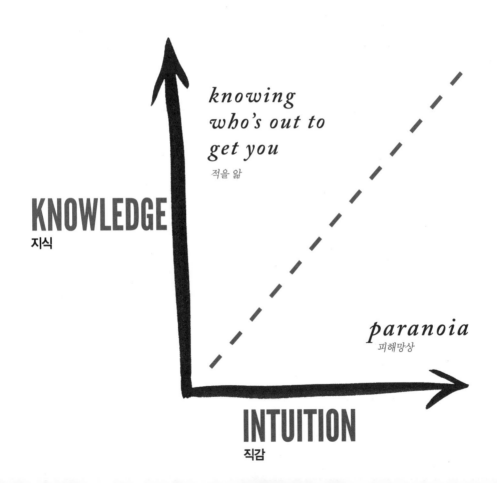

*knowing
who's out to
get you*
적을 앎

paranoia
피해망상

KNOWLEDGE
지식

INTUITION
직감

적의 정세에 대한 지식은
사람을 통해서만 얻을 수 있다.

CONSPIRE TO MEET
만남을 꾀함

LISTEN CLOSELY
주의깊게 들음

GAIN ADVANTAGES
이득을 취함

courtship & espionage
구애 & 첩보 활동

그래서 간첩을 사용하는데, 간첩에는 다음 다섯 가지가 있다.

1. 지역 간첩
2. 내부 간첩
3. 개심 간첩
4. 역용 간첩
5. 생존 간첩

RARE EXPERTISE
희귀한 자질

HIGH
DEMAND
높은
요구사항

rich spies
부자 간첩들

이 다섯 유형의 간첩을 모두 활용하면서도
그 암행을 적이 눈치채지 못하게 해야 한다.

이를 일러 '귀신 같은 조종술'이라 한다.

이는 군주에게 가장 중요한 자산이다.

**FIND ANOTHER
SOURCE**
다른 정보원을 찾음

*journalism
& philosophy*

저널리즘 & 철학

**UNCOVER
MORE TRUTH**
더 많은 진실을 캐냄

지역 간첩을 쓴다는 것은 지역민의 도움을 받는다는 말이다.

내부 간첩을 쓴다는 것은 적국 관료를 이용한다는 말이다.

개심 간첩을 쓴다는 것은 적국 간첩을 붙잡아 아군을 위해 일을 시킨다는 뜻이다.

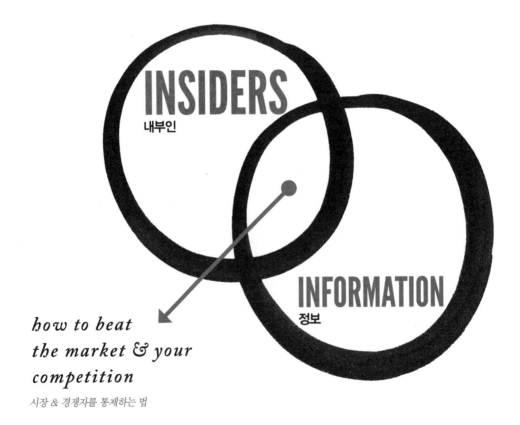

INSIDERS
내부인

INFORMATION
정보

how to beat the market & your competition
시장 & 경쟁자를 통제하는 법

역용 간첩을 쓴다는 것은, 거짓 행동을 일부러 노출해
그 잘못된 정보를 적국 간첩이 보고하게 만든다는 뜻이다.

마지막으로, 생존 간첩을 쓴다는 것은 적진에서 살아 돌아온
사람들로부터 정보를 얻는다는 뜻이다.

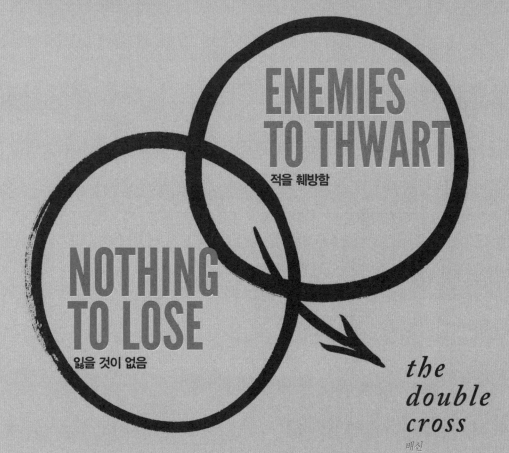

ENEMIES
TO THWART
적을 훼방함

NOTHING
TO LOSE
잃을 것이 없음

*the
double
cross*
배신

그러므로 장수는 병사들 중 간첩과 아주 친밀한 관계를 유지해야 한다.

그 어떤 병사도 간첩만큼 대접 받아서는 안 된다.

이 간첩 일은 가장 은밀히 진행되어야 한다.

COST TO INSURE
보험 비용

VALUE OF ASSET
자산 가치

useful spies &
other national
treasures
뛰어난 간첩 & 다른 국보

직관적으로 명민하지 않으면 간첩을 제대로 운용할 수 없다.

어질고 의롭지 않으면 간첩을 제대로 부릴 수 없다.

미묘하고 교묘하지 않으면 간첩이 진실만 보고하게 만들 수 없다.

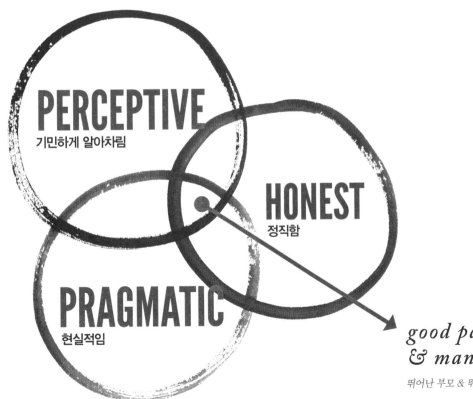

미묘하고 미묘하다.

간첩은 쓰이지 않는 곳이 없다.

간첩이 때가 되기도 전에 기밀을 누설한다면
그 간첩과 정보를 얻은 자 모두 사형해야 한다.

ALLIES
동맹의 결속력

ABILITY TO KEEP A SECRET
비밀을 유지하는 능력

적을 치거나 요새를 공격하거나 누군가를 암살하려면
수행원, 부관, 문지기, 호위병의 이름부터 알아내야 한다.

간첩에게 이 일을 시켜라.

TROUBLE
골칫거리

STONES
LEFT
UNTURNED

고려하지 않은 부분

worms &
missed
opportunities
애벌레 & 놓처버린 기회

진영을 염탐하러 온 간첩은 반드시 색출한 뒤
편안히 대하면서 아군에 가담하라고 설득해야 한다.

그러면 그들은 개심 간첩이 되어 아군을 돕기 시작할 것이다.

WINE
와인

DINE
만찬

LOBBY
로비

how laws &
babies are made
법 & 아기가 만들어지는 방법

지역 간첩과 내부 간첩을 쓸 수 있는 것은
다 개심 간첩을 통해 얻은 정보 덕택이다.

역용 간첩이 적에게 거짓 정보를 전하게 할 수 있는 것도
개심 간첩을 통해 얻은 정보 덕택이다.

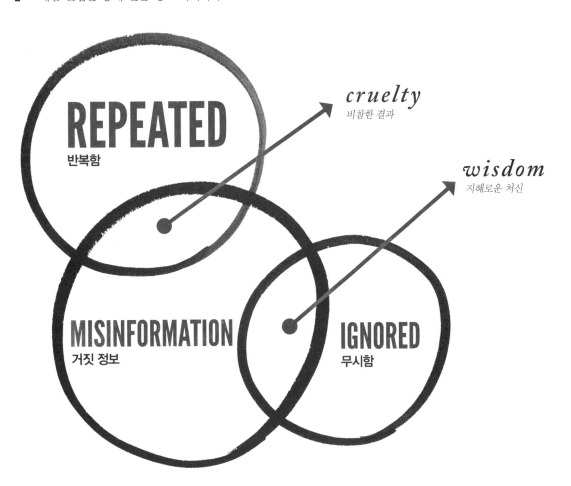

마지막으로, 생존 간첩을 기한에 맞춰 사용할 수 있는 것도
개심 간첩을 통해 얻은 정보 덕택이다.

다섯 유형의 간첩 모두 적에 대해 알아내는 것이 목표다.
그런데 적에 대한 지식을 얻으려면 개심 간첩을 거쳐야 한다.

그러므로 개심 간첩을 후하게 대접할 수 밖에 없다.

은나라 건국이 가능했던 것은
하나라에 '이지'라는 간첩이 있었기 때문이다.

마찬가지로, 주나라 건국이 가능했던 것은
은나라에 '려아'라는 간첩이 있었기 때문이다.

*oxymoronic
danger*

모순된 위험

LOYALTY
충성

SPIES
간첩

그러므로 오직 눈 밝은 군주와 현명한 장수가
지략이 뛰어난 자를 간첩으로 삼아 엄청난 성과를 이끌 수 있다.

간첩은 용병술의 핵심이다.
전 군이 그에 의지하여 움직이기 때문이다.

SUCCESS
성공

**APPLIED
INTELLIGENCE**
지식의 적용

*in times
of war & peace*
전시 & 평화

THE END

이 책이 세상에 나온 것은 비주얼 씽커와 삽화가들로 구성된
한 집단의 신뢰와 후원, 상상력 덕분입니다.

재능을 좋은 곳에 사용해 주셔서 감사합니다.

제시카 해기(Jessica Hagy) 저

웨비상(Webby Award, 미국의 '디지털 문화와 과학을 위한 국제 아카데미'에서 주관하는 상으로, 인터넷의 아카데미상으로 불림) 수상 경력의 블로그 작가. 그녀는 자신의 블로그 'Indexed'로 세상에 이름을 알렸다. 〈뉴욕타임즈〉에 만화를 연재하고 〈포브스〉에 온라인 칼럼을 게재하고 있다. 가족과 함께 시애틀에 거주 중이다.

김성환 역

연세대학교 건축공학 과를 졸업했으며 바른번역에서 번역 전문가로 활동 중이다. 역서로 〈모나리자를 사랑한 프로이트〉, 〈자비심 일깨우기〉, 〈지친 당신을 위한 인생 매뉴얼〉 등이 있다.

개정판 1쇄 인쇄 2018년 2월 26일 **개정판 1쇄 발행** 2018년 3월 2일
저자_제시카 해기 **역자**_김성환 **출력**_카이로스 **인쇄**_도담프린팅
발행인_손호성 **펴낸곳**_생각정리연구소 **캘리그라피**_이예림 **일원화**_북샌 **등록**_제 300-2017-124호 **주소**_서울시 종로구 송월길99
전화_070.7535.2958 **팩스**_0505.220.2958 **e-mail**_atmark@argo9.com **Home page**_http://www.argo9.com **ISBN** 979-11-5895-120-7 (02320)